TURING 图灵新知

U0683711

和渊 ○ 著

刘江 ○ 审

AI时代，家长如何教，孩子如何学

人民邮电出版社

北京

图书在版编目（CIP）数据

AI 时代，家长如何教，孩子如何学 / 和渊著 .
北京 ：人民邮电出版社，2025. --（图灵新知）.
ISBN 978-7-115-67809-6

Ⅰ . G632.46-39

中国国家版本馆 CIP 数据核字第 2025BN1635 号

内 容 提 要

本书详细介绍了 DeepSeek 等 AI 工具在中小学教育中的应用，包括如何提升中小学生的阅读能力，如何作为各学科的学习助手，特别是在数学、英语、语文学习中的具体应用。此外，本书还探讨了如何让 DeepSeek 等 AI 工具成为孩子的成长顾问，帮助孩子进行时间管理、制订学习计划、调节情绪、进行生涯规划等。

本书适合家长及其孩子阅读。

◆ 著　　　　　和　渊
　　审　　　　　刘　江
　　责任编辑　　魏勇俊
　　责任印制　　胡　南

◆ 人民邮电出版社出版发行　　北京市丰台区成寿寺路11号
　　邮编　100164　　电子邮件　315@ptpress.com.cn
　　网址　https://www.ptpress.com.cn
　　北京宝隆世纪印刷有限公司印刷

◆ 开本：880×1230　1/32
　　印张：9.25　　　　　　　　2025 年 8 月第 1 版
　　字数：181 千字　　　　　　2025 年 8 月北京第 1 次印刷

定价：69.80元
读者服务热线：(010)84084456-6009　印装质量热线：(010)81055316
反盗版热线：(010)81055315

序　言

AI 时代，学习的意义和价值

最近，学生们常和我聊起一些困惑，其中不少同学觉得学习没动力，找不到意义，说自己既没有好奇心，也没有好胜心，躺也躺不平，卷又卷不赢。尤其在 ChatGPT 等 AI 工具能轻松完成论文写作、代码生成，甚至影视创作的今天，这种困惑愈发强烈。于是，他们不禁开始怀疑学习的意义和价值到底在哪儿。在这里，我想和大家好好聊聊，AI 时代，我们是否还要学习、为什么要学习，以及怎样学习。

一、AI 时代，我们还需要学习吗

在技术革命重塑世界的今天，AI 正在悄然打破知识的围墙：当偏远山区的学生通过新型的学习方式得以学习清华、北大的名师课程时，当智能导师用全息投影重构物理实验的底层逻辑时，优质教育资源的时空壁垒正在消解。更值得期待的是，AI 催生的新兴职业生态——从数据标注师到 AI 训练师——正在构建无须传统学历认证的上升通道，让能力本身成为新的通行证。

有人会说，既然 AI 什么都懂，那我们直接问 AI 就好了，为什么还要学习？因为你的提问水平，决定了 AI 所给出答案的质量——只有经过系统学习，你才能提出精准的问题、辨别答案的真伪、整合碎片信息，最终形成自己的独立见解。如果你是一个高中生，那么 AI 便能帮你梳理基础题目的解题思路；如果你是一个大学生，那么 AI 便能与你探讨社会热点的深层逻辑；如果你是一个博士生，那么 AI 便能成为你的科研伙伴，为你的研究框架提供跨学科视角和创新启发。而这个认知跃迁的过程，恰恰需要持续的学习来锻造，它并非一蹴而就的突变，是通过你的深度阅读、系统性思考逐渐积累起来的。在这个意义上，终身学习不再是选择，而是我们与时代对话的基本姿态。

二、原始的热爱才是我们学习的动力

饺子导演以"啃老"三年的蛰伏坚守动画梦想；王兴兴（宇树科技创始人）在拆解家电的过程中叩启机械世界的大门；梁文锋（DeepSeek 创始人）的父亲递上螺丝刀，默许他进行"拆解-重构"的试错；陈氏兄弟（寒武纪创始人）的父母用《十万个为什么》替代题海战术，任由兄弟二人自由探索——这些打破常规的选择，都在告诉我们一个真理：AI 时代最稀缺的不是知识储备，而是能甘坐十年冷板凳的原始热爱。

AI 可以存储海量知识，但它无法替代人类对未知领域的本能好奇。当王兴兴拆解电器时，他并非为了应付考试，而是被机械运转的奥秘深深吸引；当陈氏兄弟沉迷于《十万个为什么》时，他们的父母没有用"刷题"压制这份热情，而是选择守护这种"无用"的探索。这些看似"不务正业"的行为，最终却孕育出了颠覆行业的创新。这是因为，真正的创造力，往往诞生于对问题本身的痴迷，而非功利性的目标。

知识会过时，工具会迭代，但一个人对某个领域的热爱，能支撑他跨越技术的变迁。梁文锋父亲那句"拆完装回去"命令的背后，不仅是对孩子动手能力的信任，更是对"试错精神"的鼓励。AI 可以解答问题，但它无法教会我们如何提出好问题；AI 可以生成代码，但它无法赋予我们解决复杂问题的耐心。而所有这些能力，恰恰需要从热爱中"生长"出来。

真正的热爱，能让我们在时代的洪流中保持清醒。当你为一个问题辗转反侧时，当你为一次实验失败反复尝试时，你正在训练的就是一种 AI 无法替代的能力——**深度思考的韧性**。这种韧性，才是未来社会中区分"工具使用者"和"问题解决者"的关键。

有些同学说"不喜欢学习"，其实他们反感的是填鸭式灌输知识对好奇心的扼杀。人类对未知事物有天然的好奇心，是天生的学习者——婴儿通过触摸认识世界，孩童通过提问理解规律，成年人通过实践验证猜想。要找回学习的原始动力，我们需要重新定义"学习"的边界。

- **从"有用"到"无用之用为大用"**：允许自己将时间花在看似无用的兴趣上。喜欢画画？可以用 AI 工具尝试数字艺术。痴迷历史？可以用 AI 技术复原古代场景。这些"不务正业"的尝试，反而可能会成为未来创新的起点。

- **从"被动接受"到"主动创造"**：与其机械背诵编程语法，不如用 AI 助手开发一款小游戏，在实践中掌握编程思维；与其死记硬背历史事件，不如用 AI 工具生成一段虚拟对话，亲身体验历史人物的抉择。当学习变成创造的过程时，热情自然会燃烧。

- **从"独木桥"到"旷野"**：教育不应只有一条赛道，也不应只有一种评价维度。根据多元智能理论，每个孩子都有自己擅长的方面：有人擅长逻辑，有人热爱艺术，有人痴迷手工——AI 时代需要多元化的能力，发展自己的"板"，一定会比补足短板得到更多的奖赏。

三、AI 时代，我们秉持的学习价值观

从小到大，我们被灌输着一条"成功路径"：成绩好→上好大学→找好工作→赚大钱→成为人生赢家。在我的调研中，有 80% 以上的孩子是这么想的。但在 AI 时代，这条流水线式的进阶路径正在逐渐失效。当 AI 能替代重复性劳动，甚至完成部分创造性工作时，单纯依赖学历和职位的"线性思维"已无法应对未来的不确定性。

父辈的经验建立在"稀缺社会"之上——教育资源有限，学历是稀缺凭证，职业路径相对固定。但在 AI 驱动的"丰裕社会"中，知识本身变得越来越廉价，职业边界日益模糊。我们不得不接受的一个现实是，名校文凭未必能保障高薪工作，一名高级蓝领工人却可以凭借出色的技术获得高薪。而更严峻的现实是，若我们盲目遵循旧路径，则很容易陷入"为卷而卷"的怪圈：拼命"刷题"进入名校，却发现所学技能早已被 AI 取代；削尖脑袋挤进热门行业，却因缺乏内在动力而迅速倦怠。在 AI 时代，那些敢于选择冷门领域、敢于坚持独特兴趣的人，反而可能会开辟新蓝海。

我认为，与其耗尽心力追求从 95 分到 100 分的"完美一跃"，不如在确保学业稳居优秀线后，将剩余时间投入真正热爱的领域中。清华、北大之争如同攀登珠峰的最后 500 米——氧气稀薄、风险陡增，每前进一步都需要付出指数级增长的代价。而现实中，人生的成就从不局限于学历的"顶峰"。这也正是我选择从脑科学、认知科

学、AI 等多个方面展开写作的初衷——希望通过提升学生的学习效率，帮助他们实现高效学习，从而节省出更多时间用于发展个人特长和培养兴趣爱好。

以宇树科技创始人王兴兴为例，他英语成绩不太好，本科就读的大学既非"985 院校"也非"211 院校"，考研时也未能踏入心目中的理想大学——浙江大学的大门，但这些"不完美"反而让他有更多时间钻研机器人技术。当别人为提升那决定性的 5 分而熬夜苦战时，他却在实验室里拆装机械、调试代码，最终创造出了全球领先的足式机器人，让机器人领域的标杆企业波士顿动力都为之侧目。与其在"卷王赛道"上消耗青春，不如把 95 分的学业作为底气，用省下的时间浇灌兴趣的种子——或许你热爱的编程、艺术或手工，正是未来颠覆行业的火种。毕竟，社会真正稀缺的从来不是"满分学霸"，而是那些敢于用热爱定义人生赛道的"偏执狂"。

我们需要摆脱过往价值观的路径依赖。就连电影《哪吒 2》中的东海龙王敖光都这样对儿子敖丙说："父王只是想用自己的经验为你谋个幸福，但现在看来，父辈的经验毕竟是过往，未必全对。你的路还需你去闯，今后，忠于自己内心的选择吧！"传统的价值观是"doing-having-being"，也就是"我做了什么，所以拥有了什么，最终会成为什么"。但我觉得我们应该转换一种思维模式，也就是把上面的顺序倒过来。首先，思考你想要成为（being）什么样的人，是热爱探索的科学家，还是用艺术表达观点的创作者，或是用技术解决社会问题的工程师？这个问题没有标准答案，但它是所有行动的起点。然后，付诸行动（doing），目标明确，勇往直前，去做社会真正需要的事情。至于拥有（having）了什么不用太介意，金钱、地位、荣誉，这些不应是人生的终极目标，而是你践行价值观过程中的副产品。

真正的教育是让每一颗种子在属于自己的季节破土而出。当教育焦虑裹挟着我们不断追逐分数的时候，创新者用事实告诉我们：真正无法被算法替代的，可能是那些分数之外的东西，比如对未知领域的天真好奇、对冷门赛道的孤注一掷、对自我信念的偏执坚守，等等。或许，孩子们，你们应该保留些"不合理"的棱角，在成绩之外，腾出时间，在卧室里拆装天马行空的梦想，在无人问津的边缘地带开垦属于自己的荒原。毕竟，改写时代剧本的，从来不是标准答案的复读机，而是敢于把人生过成一场伟大实验的破局者。AI时代，我为你们加油！

本书为北京市数字教育研究课题"人工智能赋能学生个性化发展的探索研究"（课题号：BDEC2024YB013）的研究成果。

前　言

AI 让教育回归学习的本质

2022 年 11 月，ChatGPT 横空出世，开启了自然语言处理的新纪元。2025 年年初，DeepSeek 火爆全网，影响力席卷医疗、教育、金融等各个领域。短短两年间，以二者为代表的生成式 AI 应用迅速蔓延到各行各业，这种变化让人恍然惊觉——"天上方一日，地上已千年"。我敏锐地意识到，这次生成式大模型 AI 带来的变化，与以往的语音识别、视觉识别等截然不同，它就像蒸汽革命、电力革命那样，属于基础设置类的根本性变革。

我们都知道，生产力决定生产关系。生产力的大发展，一定会带动社会生产关系方方面面的变革，包括教育、医疗、科技、金融，等等。随着 AI 时代的到来，生产力发生了变化，"教育"这种生产关系也必然会随之发生变革。

一、为什么要撰写本书

AI 时代的到来，让我感觉非常兴奋。相信很多人对可汗学院利用 AI 技术革新教育方式的实践印象深刻。AI 能够针对学生的问题进行一步步的解答，同时给予鼓励，并适时地进行追问，这让我看到了 AI 在当前教育中的实际应用价值，进而引发了我对于如何高效学习的深入思考。

熟悉我的朋友都知道，我在北京一所名校任教，研究兴趣点一直是利用脑科学、神经科学、认知心理学等跨学科的知识，系统性地提高学生的学业表现。不管是作为老师，还是作为学生家长，我们都知道，AI 可以帮我们做很多有趣的事情，比如帮孩子做 PPT、画漫画、生成音乐、制作手抄报、创作故事，等等。如果大家对这些很感兴趣，可以参考肖妍然老师在"得到"App 上刚上线的《给孩子的 AI 入门课》。

作为一名老师，我更关心的是在现行的教育体制下，在大家都很关注孩子分数的情况下，如何利用 AI 来辅助学习。举例来说，AI 可以生成音乐，那是否可以让生成音乐这件事情落地到孩子们具体的学习中，来提高他们的学习效率呢？

这正是本书想要为大家解答的问题。当然，我并非应试教育的拥趸。本书之所以定位在用 AI 提升学习成绩这个点上，是因为我做了大量的走访调研，了解到很多家长的需求。我特别理解家长们的想法，确实，AI 代表了未来教育的方向，但在现行的评价机制下，我们很难只着眼于长远发展而忽略短期需求。因此，对每个家长来说，孩子的成绩依然是无法忽视的因素。

鉴于此，本书主要面向家长，以帮助他们更好地辅导孩子学习。不过，如果孩子在时间充裕的情况下能够亲自阅读和学习，也是极好的。总之，家长和孩子都可以从本书中受益。我希望孩子们能够利用好 AI 这个工具，更高效、更快速地获得良好的学业表现，然后用余下的时间做点儿别的事情，好好发展自己的能力和兴趣。

二、家长们的痛点和对 AI 工具的期待

关于家长们在辅导孩子学习过程中最头疼的问题以及对 AI 工具在学习应用中的期待，以下截图展示了我的调研结果。

4. 在孩子的学习过程中，你最头疼的问题是什么？[多选题]

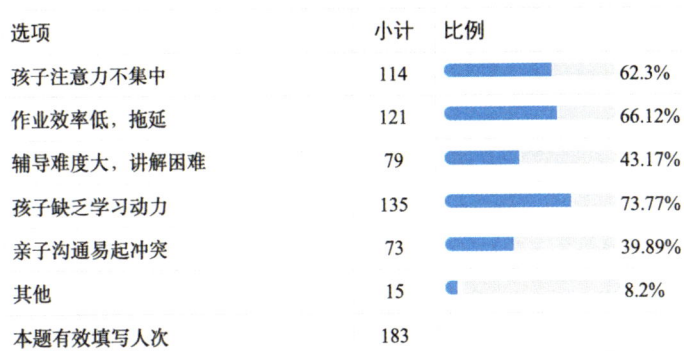

选项	小计	比例	
孩子注意力不集中	114		62.3%
作业效率低，拖延	121		66.12%
辅导难度大，讲解困难	79		43.17%
孩子缺乏学习动力	135		73.77%
亲子沟通易起冲突	73		39.89%
其他	15		8.2%
本题有效填写人次	183		

5. 在辅导孩子时，你最希望 AI 工具帮你做些什么?[多选题]

选项	小计	比例
解答作业	77	42.08%
提供解题思路	156	85.25%
错题整理	135	73.77%
制订学习计划	135	73.77%
语言练习	116	63.39%
其他	19	10.38%
本题有效填写人次	183	

从上述调研结果可以看出，如今的 AI 工具对家长们来说还存在以下三大痛点。

(1) **无法辅导难题**。家长们普遍认为，AI 在简单题目上的表现已经足够优秀，但对于一些复杂的作业（如数学、物理题目分析等），AI 还显得力不从心。因此，家长们希望 AI 能够帮助孩子突破这些更高难度知识的学习瓶颈。

(2) **无法真正做到个性化辅导**。学校的作业量偏大，而且缺乏针对性，导致孩子们有的科目"吃不饱"（原因是将大量时间浪费在已经掌握的、重复训练的题目上），而有的科目又"吃不消"（导致一些题目憋很久都想不出答案）。因此，他们希望 AI 能给孩子们提供个性化的辅导。

(3) **没有具备反馈功能的错题本**。当前没有任何一款比较合适的

App 来帮助孩子整理错题。现在的错题本 App，功能大多局限于简单的收录层面，即便有少数做得较好的 App 可以实现分类管理，但能够根据错题为孩子提供一步步详尽的讲解，并依据相关知识点有针对性地生成举一反三的反馈题，以引导孩子深入理解并掌握同类题型解法的错题本 App 在市面上尚未出现。

在了解了家长们的痛点后，我和负责本书配套视频课程的"得到"老师石唱说："这课简直没法做了。家长们提出的问题，仅靠我一个教书匠，是不可能解决的。就拿错题本来说，现在市面上没有好用的错题本 App 是有原因的。一个好的 AI 系统，其核心构成包括高效的算法、强大的算力以及海量的数据。现今各家的大模型依靠强大的算力和成熟的算法，其实已难分伯仲，它们之间唯一的不同就是数据的独特性和丰富度。如果想让错题本实现'收录＋分类＋讲题＋举一反三'的高级功能，那么大模型就必须经过海量题目的学习训练，这无疑需要一个极为庞大的题库和巨大的数据量作为支撑。而且，我们通常所说的大模型，其本质上是大语言模型，这意味着它在面对一道新的题目时，并非倾向于主动思考或建立复杂的逻辑思维过程，而是依赖于从已学的知识库中调用信息，并据此预测下一个词出现的概率。这也是目前为止大模型很难解决复杂的数学、物理问题的原因。"

难不成这门课真就做不了了？不，我们可以换个思路。

能不能在现在的约束条件下，无须依赖特殊的网络环境，仅仅利用大家手机上已有的 DeepSeek、豆包、Kimi 等应用，我们就给成千上万普通却渴望求知的家长提供一些比较好的利用 AI 解决学习问题的思路呢？

三、本书的主要内容是什么

本书面对所有想了解"AI+教育"的人，尤其是那些为孩子学习操碎了心的家长。我们更关注解决眼下的问题，避免空泛谈论宏大愿景，而是要给家长和孩子们提供切实可行的学习方法建议。

在本书中，我将家长和孩子们的痛点逐一进行了拆解，把需要 AI 发展的复杂推理能力、个性化辅导能力等全部转化成了孩子们在具体应用场景中的解决方案。

具体来说，在学科知识学习方面，本书将涉及以下内容。

数学

(1) 预习：数学课跟不上，如何用 AI 轻松预习

(2) 复习：听懂了还是不会做题，如何让 AI 辅助复习功课

(3) 刷题：从题海战术到刻意练习，利用 AI "刷题"的正确姿势是什么

英语

(1) 背单词：如何用 AI 沉浸式背单词

(2) 听力口语：如何用 AI 练就母语者的地道表达

(3) 阅读写作：如何用 AI 提升阅读和写作的水平

语文

(1) 写作：如何用 AI 辅导孩子写作文

(2) 背诵：如何用 AI 帮孩子有趣地背诵古诗文

(3) 阅读：如何用 AI 帮孩子学会阅读

另外，在非学科知识学习方面，本书还涵盖如何用 AI 完成高质量的调研和演讲报告、如何用 AI 帮孩子找到情绪的倾诉出口，以及如何用 AI 制订高效可行的学习计划和规划。

我相信，本书对你来说一定很有用。其实，无论我们运用 AI 解决哪个学科的问题，本质上都是将 AI 作为一种工具。AI 能帮我们节省时间，解决学习过程中的效率问题；AI 能让我们学会自主学习，解决学习动力不足的问题；AI 能促使我们回归个性化学习，解决学校教育难以实现差异化教学的问题。

四、我有什么优势写作本书

1. 一线教学经验与 AI 应用实践

首先，作为一名一线教师，我在日常的教学过程中，在 AI 的应用上有诸多的尝试。

给大家举几个例子：在小学科学课上，我和一位计算机老师合作，利用 AI 技术模拟澳大利亚野兔种群增长模型，引导学生们抽象建模，成功模拟出了 J 型曲线和 S 型曲线；在高中生物课上，我借助 AI 指导学生们阅读诺贝尔生理学或医学奖相关 mRNA 疫苗论文，通过 AI 解读文献细节（如核苷酸修饰、mRNA 运输等），帮助学生们轻松地理解了复杂的内容；在生物实验课上，我指导学生们用 AI 替代复杂的 Excel 函数操作，他们只需将实验数据上传至 AI 平台，并清晰说明自己的需求，AI 便能快速返回数据处理结果并生成直观的图表，这样一来，学生们只需专注于分析实验结果即可；在生物选修课上，我和学生们一起探索 AI 预测蛋白质结构、小分子与蛋白质对接、三维动态模拟等前沿应用，让学生们感受 "AI for Science" 的魅力。每次上完课，孩子们的反应大都是觉得太有趣、太震撼、太不可想象了。作为一名教育工作者，我的初心始终如一——希望将教育领域最前沿的理念与方法带给大家，在知识的星河中发出自己的微光。希望我哪怕是做出一点点的改变，都会对孩子们的未来产生不一样的影响。

2. 学习科学领域的专业积累

其次，本书的重点是如何科学、高效、自主地学习。所以，本书本质上并不是简单地对 AI 进行介绍，而是阐述如何利用 AI 进行学习。说起如何学习，我是比较在行的。从清华大学博士毕业后，我就进入了中国人民大学附属中学工作，到现在为止已经从教十余年，教了上千名学生，拥有丰富的一线教学经验。同时，我还研究学习科学，结合脑科学、神经科学、认知心理学等学科，教授学生正确的学习方法。到目前为止，我已出版了《成为学习高手》《给孩子的费曼学习法》《成功养育》《成为考试高手》等一系列学习类畅销书。此外，我还在很多地方学校广泛开展讲学活动。令人欣喜的是，我在书中所阐述的学习方法纷纷被学生和家长采用，并且取得了非常显著的效果。

2024 年，我撰写了一本新书——《AI 时代，学什么，怎么学》，提出了在 AI 时代，孩子们面对未来挑战所需要发展的能力。该书不仅跻身"得到"2024 年读者评选的好书榜第三名，还入选了 2024 年河南省教育厅中小学图书馆推荐书目。"得到"的一位朋友在看完该书后，极力建议我做一门 AI 与教育相结合的视频课程，以让更多的家庭尽早了解 AI、接触 AI、应用 AI。本书正是由这门视频课程而来。

3. 家长视角与共创理念

同时，我也是一名家长。我的女儿 9 岁，儿子 3 岁，我希望他们能跟上这一轮 AI 的浪潮，因此我在家庭教育场景中也做了非常多的尝试。另外，我还拥有强大的后援团，可以随时帮我解答技术难题。我希望通过本书，与更多像我一样的家长交流经验，与每一位终身学习者共同进步。让我们一起探索教育的未来。

最后，我想强调一点：如果仅用 AI 去提高学习成绩，那未免有点儿太狭隘了。未来对人才的评价方式必然会发生改变，仅用现在的分数去衡量孩子的能力是不恰当的，甚至可以说是缘木求鱼、刻舟求剑。我们要着眼未来，深刻认识到 AI 在教育领域中的巨大潜力。它不仅能帮助孩子高效地学习知识、在考试中取得高分，更能全方位地助力他们成长发展，培养他们面向未来的综合能力。

希望本书能成为家长和孩子探索 AI 世界的起点，让我们在智能时代的浪潮中共进化！

目　录

第 1 章

孩子数学跟不上，如何用 AI 预习

DeepSeek× 问题导向预习法

预习不是提前学，
目的是了解盲点、建立框架

本章提要

- 前测定位：通过 AI 生成前测题，发现孩子尚未理解的地方
- 思维导航：用 AI 给孩子构建知识框架
- 场景转化——把数学概念变成生活中可操作的场景

在孩子的学习过程中，预习无疑是一个至关重要的环节，但很多家长和孩子在预习上存在诸多问题。例如，有些孩子认为预习功课没用，所以根本就不预习；有些孩子虽然进行了预习，但只是走马观花地把书看了一遍，你若问他们哪里懂、哪里不懂，他们也说不明白（这往往是因为缺乏一个对于预习效果的检测工具）；还有些孩子在预习时过于追求完美，误以为必须将知识点一次性学精、学透，从而将预习变成了提前学习。更值得一提的是，孩子们在预习过程中难以将抽象的知识与生活实际相联系，只是看到一堆枯燥的文字和公式，导致知识与应用严重脱节。

事实上，作为学习过程中的关键一环，预习的核心目的是为后续的正式学习做好准备和铺垫，搭建知识锚点，所以，预习是十分必要的。针对上面提到的预习中的问题，比如如何通过预习精准判断自己哪里懂了、哪里不懂，如何把握知识框架而不是提前把所有细节都学一遍，以及在预习过程中如何有效地将知识与生活场景相联系，如今 AI 技术为我们提供了很好的解决方案。

接下来，我将手把手地教你如何利用 DeepSeek 来帮助孩子预习功课。在此过程中，我会介绍借助 AI 进行有效预习的 3 个策略：发现问题、构建知识框架以及把知识生活化。

DeepSeek 是一款备受瞩目的国产工具，它操作简便，仅需一个手机号即可轻松完成注册。大家可以通过其官方网址一站式完成注册流程。目前，DeepSeek 提供免费服务，我使用的是其网页版。当然，你也可以选择在移动端 App 上体验。

需要注意的是，DeepSeek 目前尚不完全稳定，如果遇到"服务器繁忙"的报错提示，不要惊慌，可以稍作等待后再次尝试。如果问题持续，总是显示"服务器繁忙"，可以尝试切换至 GPT-o1 或 Kimi 1.5 长思考模式试试。

一、前测定位：通过 AI 生成前测题，发现孩子尚未理解的地方

首先，我们来看 AI 辅助预习的第一个策略——通过 AI 生成前测题，发现孩子尚未理解的地方。在预习的环节中，存在这样一种现象：有些孩子仅仅满足于表面功夫，只是简单地快速浏览一遍课本，就以为自己已经完成了预习任务。然而，当被问及书中哪些内容已经理解了，哪些内容还存有疑惑时，他们却无法给出明确的答复。这背后的原因在于整个预习过程缺乏有效的检测手段，导致孩子对自己的预习效果缺乏清晰的认知，无法准确判断自己对知识的掌握程度，进而影响了预习的质量和学习的效果。

我来教大家一个特别好用的预习方法，这种方法其实就是做"前测"。很多家长之前未曾意识到，预习竟能通过做前测来实现。他们甚至会产生疑惑："孩子尚未正式接触新知识，什么都不懂，为什么要做前测呢？"事实上，知识的学习是一个循序渐进、逐步积累的

过程，新知识往往是旧知识的延伸和拓展。所以，即使孩子还未接触新知识，他们也可以凭借已有的知识基础来尝试理解和解答一些简单的问题。这种前测的目的是通过练习题引导孩子思考，激发他们的好奇心和求知欲，同时帮助他们发现自己对新知识的初步理解与存在的困惑。

这个时候，DeepSeek 就可以派上用场了。孩子可以把课后题当成预习前测练习先做一遍，然后让 DeepSeek 帮忙"批改作业"，告诉孩子哪个地方做错了、涉及什么样的知识点、哪里的理解有误等，这样孩子就能在课堂上有针对性地重点关注自己尚未掌握的内容。

例如，我拍照并上传了孩子的预习作业（参见下图），然后输入提示词："请帮我检查一下这份预习作业是否存在错误。如果有，具体是哪里错了？为什么错？"

4.
52 厘米 =(5.2) 米　　　5.6 米 =(5) 米（ 6 ）分米
5 元 6 角 7 分 =(5.67) 元　1.35 元 =（ 1 ）元（ 3 ）角（ 5 ）分

下面我们来看看 DeepSeek 的回答。

我来帮你检查预习作业中的单位换算题：

1. 52 厘米 = (5.2) 米 ➔ 错误

　○ 错误原因：厘米→米是除以 100（1 米 =100 厘米）

　○ 正确换算：52 厘米 ÷100 = 0.52 米

　○ 正确写法：52 厘米 = (0.52) 米

2. 5.6 米 = (5) 米 (6) 分米 ➔ 正确

- 验证方法：小数点后一位对应分米，0.6 米×10 分米／米＝6 分米

3. 5 元 6 角 7 分 = (5.67) 元 ➔ 正确

- 换算过程：6 角 = 0.6 元，7 分 = 0.07 元，5 + 0.6 + 0.07 = 5.67（元）

4. 1.35 元 = (1) 元 (3) 角 (5) 分 ➔ 正确

- 拆解验证：整数位 1 代表 1 元，小数点后第一位 3 代表 3 角，小数点后第二位 5 代表 5 分

总结：

✅ 只有第 1 题需要修正，其他题目都正确。

✅ 常见误区提醒：长度单位换算时，米→分米→厘米的进率是 10 倍递进（1 米 = 10 分米 = 100 厘米），遇到降级换算（大单位→小单位）要乘以进率，升级换算要除以进率。

建议把错误题目用红笔修改后，再练习几道类似题目巩固一下，帮助加深对小数点移动规律的理解：

46 厘米 = ＿＿ 米

3 米 25 厘米 = ＿＿ 米

你看，DeepSeek 会逐一对孩子的作业进行检查，并指出其中的错误。例如，它指出"52 厘米 = (5.2) 米"存在换算错误，并给出了错误原因和正确解法，同时还建议用红笔修改错误题目，最后又出了两道类似练习题目进行巩固。

如果你担心孩子提前完成课后题后，在课堂上就不再认真听讲了，那么也可以将课后题拍照并上传给 DeepSeek，让它分析这些题目所涉及的知识点总数，并根据知识点对题目进行分类。随后，依

据不同的知识点类型，让 DeepSeek 生成同类型的题目给孩子练习。这里我就不做演示了，大家可以自己试试。

二、思维导航：用 AI 给孩子构建知识框架

接下来，我们来看 AI 辅助预习的第二个策略——用 AI 给孩子构建知识框架。我刚才说过，预习并不等于"提前学习"。很多家长认为，预习的目标是让孩子完全掌握新课内容，甚至达到课堂学习后的水平，然而，这种观念是不正确的。预习的本质是让孩子对即将学习的内容有一个初步的接触和感知，其重点在于引导孩子去发现问题。预习的价值，在于为随后的正式学习做好准备，而不是取而代之。在预习过程中，孩子应该重点关注新知识的框架、了解新课中有哪些新的知识点，以及哪些可能是重点和难点。这样孩子在课堂上才能有的放矢，更好地理解和掌握知识。

但这并不意味着预习时可以走马观花、浅尝辄止。相反，我们要引导孩子学会捕捉知识的脉络，把握学习中概念的核心本质。不过，如今的小学数学课本与过去相比有所不同，为了提升学生的接受度，它以具体的场景引入知识，而非直接呈现抽象的概念和定义，这些往往需要老师在课堂上进行详细讲解。这就导致孩子在预习课本时，很容易被教科书里色彩鲜艳的插图（如文具店价格牌、测量工具图等）所吸引，目光仅仅停留在这些表层场景的热闹之上，而

难以抓住整个知识内容的宏观框架。

在这一点上，AI 工具可以发挥重要作用。以我女儿四年级下学期所学的"小数的意义和加减法"为例，我在看了课本以后了解到 1 角等于 1 元的 1/10，但我无法抽象总结出这一章究竟要求掌握怎样的小数的意义。

于是，我在与 DeepSeek 的对话框中输入以下提示词："你能告诉我北师大版四年级数学下册课本的第 2 页、第 4 页和第 6 页内容分别体现了小数的什么意义吗？"

我们来看看 DeepSeek 的回答。

北师大版四年级数学下册课本的第 2 页、第 4 页和第 6 页内容体现的小数性质分析：

一、小数的基本性质（基于"小数的意义（一）"和"计数单位"部分）

1. 十进分数表示

- 例子：1 角 = 1 元的 1/10 = 0.1 元，1 分 = 1 元的 1/100 = 0.01 元。
- 性质：小数是十进分数的另一种表现形式，通过小数点后的位数表达不同分数单位（如十分位、百分位等）。

2. 小数的组成

- 例子：1.11 元 = 1 元 + 0.1 元 + 0.01 元。
- 性质：小数由整数部分、小数点和小数部分构成，各部分表示不同量级的值。

二、小数的应用性质（基于"小数的意义（二）"部分）

1. 实际测量中的精确度表达

○ 例子：黑板长"2 米多，多出 36 厘米"→ 2.36 米；鹌鹑蛋和鸵鸟蛋的质量用小数表示。

○ 性质：小数能更精确地描述现实中的连续量（如长度、质量等），解决整数无法表达的"非整"问题。

2. 单位换算的便捷性

○ 例子：36 厘米 = 0.36 米。

○ 性质：小数可将不同单位统一为同一单位，简化计算（如厘米→米）。

三、小数的位值制与计数单位（基于"小数的意义（三）"部分）

1. 数位的递进关系

○ 例子：计数器上的 22.222 中，各个"2"分别表示如下。

  ▪ 十位：2 个 10（20）

  ▪ 个位：2 个 1（2）

  ▪ 十分位：2 个 0.1（0.2）

  ▪ 百分位：2 个 0.01（0.02）

  ▪ 千分位：2 个 0.001（0.002）

○ 性质：小数部分遵循"十分位→百分位→千分位"的十进位值制，每向左移动一位，数值扩大 10 倍。

2. 计数单位的十进制关系

○ 例子：表格中填空"百分位的 2 = 2 个 1/100 = 0.02"。

○ 性质：小数部分的计数单位是 1/10、1/100、1/1000，相邻单位间为"十倍率递减"。

四、总结：北师大版四年级数学下册课本的第 2 页、第 4 页和第 6 页内容体现的小数核心性质

1. **十进分数本质**：小数是十进分数的直观表达形式。
2. **位值制与精确度**：通过小数点后的位数实现高精确度测量和复杂数值描述。
3. **实际应用性**：在生活场景（如购物、测量等）中简化单位换算和计算。
4. **结构化递进关系**：整数部分和小数部分共同构成十进位值系统，逻辑统一。

大家看，DeepSeek 可以帮助孩子在预习时，透过生动的场景，精准提炼出核心概念，实现从"看场景热闹"到"抓知识线索"的转化，让预习发挥其真正的价值，为孩子的学习奠定坚实的基础。

另外，当孩子遇到不理解的问题时，可以对预习中的问题进行追问。这里以人教版四年级数学下册课本为例，孩子在预习小数的性质时，能从课本中看到比较 0.1m、0.10m 和 0.100m 的大小，并了解到 0.1 = 0.10 = 0.100。但是，为什么会这样呢？其他数字是否也遵循这一规律？这个规律或性质具有普遍性吗？具体而言，这个规律或性质究竟是什么？我相信，很多孩子在阅读课本后会产生诸多疑问。过去，他们需要询问父母或老师以获取答案，而如今 AI 就像一个随时待命的老师。更重要的是，孩子无须担心因提出看似愚蠢的问题而被他人嘲笑，AI 会以极大的耐心逐步引导孩子，帮助他们一步步地理解并掌握知识。

在刚才的小数的性质的情景中，我将以下提示词输入 DeepSeek 中："我从人教版四年级数学下册课本的第 38 页获知，0.1、0.10 和 0.100 相同，但这代表小数具有什么样的性质呢？"

我们来看一下 DeepSeek 如何回答。

根据提示信息，小数的性质可以总结为以下两点：

一、小数的基本性质

在小数末尾添上零或去掉零，小数的大小不变。例如：

- 0.1 米、0.10 米和 0.100 米表示的长度相等（均为 1 分米），但书写形式不同。
- 0.3 和 0.30 的大小相同（可通过图形面积直观对比）。

这一性质说明，小数末尾的零不改变数值本身，但可能用于表示不同的精确度或规范书写形式（比如商品标价中保留两位小数：2.50 元 = 2.5 元，8.00 元 = 8 元）。

二、小数的精确度差异

形式不同的小数可能体现不同的精确度。例如：

- 0.1 米（1 分米）精确到分米位；
- 0.10 米（10 厘米）精确到厘米位；
- 0.100 米（100 毫米）精确到毫米位。

尽管数值相等，但精确度越高，表示测量时使用的单位越小，细节更具体。这种差异在科学计算或工程测量中尤为重要。

总结：人教版四年级数学下册课本的第 38 页通过单位换算、图形对比和实际标价示例，清晰地展示了小数的两个核心性质：**数值不变性和精确度多样性**。这为后续学习小数的大小比较和实际应用（如货币、测量等）奠定了基础。

从上述 DeepSeek 的回答可以看出，它可以用非常简单的语言为孩子总结出数值不变性和精确度多样性。这将帮助孩子从"记忆符号"转向"理解本质"，从单纯看课本了解"0.3 和 0.30 相等"的个例，到能够归纳出**"在小数末尾添加或去掉零，小数的大小保持不变"**的小数基本性质。

这使得孩子在预习课本时，经历的不再仅仅是提前浏览，而是在 AI 的帮助下，经历**观察➜质疑➜建模➜迁移**的完整思维训练过程。孩子在这个过程中能逐渐意识到数值精确度与真实世界的关系。这种思维模式正是数学核心素养中抽象化、逻辑化、系统化能力的萌芽，对于培养孩子的数学思维非常有帮助。

三、场景转化——把数学概念变成生活中可操作的场景

下面我们来看 AI 辅助预习的第三个策略——把数学概念变成生活中可操作的场景。

在预习过程中，孩子难免会遇到一些难以理解的地方。这时，

我们应巧妙地引导孩子，将这些问题与他们熟悉的生活场景相结合，使之变得可感知、可理解，从而把抽象的数学概念转化为可操作的具体任务。这种做法不仅能帮助孩子更好地理解知识，还能激发他们的学习兴趣和主动性。

就拿数学题来说，AI 可以模拟一些真实情境的挑战，如果家长可以参与其中，那么最好能和孩子一起进行互动游戏。例如，当孩子在预习"分数"这一知识点时，课本中的"单位 1""分数单位"等术语可能让孩子感到陌生。但是，如果我们将这些术语替换为"整个比萨""每块的标准大小"等，就能立刻帮助孩子将数学知识与日常生活联系起来，从而加深理解和记忆。

我们把提示词输入到 DeepSeek 中："我的孩子总弄不清分母和分子的关系，认为 2/5 比 1/2 大，因为他觉得 2 比 1 大，5 也比 2 大，因此 2/5 就该更大。请设计一个切比萨的游戏，需要用到实物道具，通过动手操作来纠正这个误区。"

以下是 DeepSeek 给出的答案。

🍕《芝士大作战：比萨分数大发现》情景游戏设计

道具准备（全部可安全自制）

1. 两张同尺寸**圆形卡纸比萨**（直径 30cm，画上芝士拉丝图案）。
2. **双色可粘贴配料**：红色圆形纸片（番茄片）和黄色纸条（芝士条）。
3. 塑料小刀和量角器（标注等分刻度）。

4. 骰子（一面写 2/5，另一面写 1/2）。

核心矛盾设计

爸爸妈妈用不同规则奖励你：

① 选 **2/5 块比萨**：可以贴番茄片（你的最爱）；

② 选 **1/2 块比萨**：可以铺芝士条（妈妈禁止你多吃）。

孩子因数字 2>1、5>2，坚定认为选项 ① 更划算

游戏操作六步法

[1] 等分比萨——具象化分母

- 用量角器辅助，把第一张比萨均分 5 份（每份 72°）
- 第二张比萨均分 2 份（每份 180°），让孩子观察"分母越大，块越小"

[2] 贴配料——感知分子数量

- 在 5 等分比萨中选 2 块贴番茄片："2/5 有 2 块，但每块只有这么小哦"
- 在 2 等分比萨中选 1 块铺芝士条："1/2 虽然只有 1 块，但你看它有多大！"

[3] 叠加重叠对比（思维冲击时刻）

- 把 2/5 的 2 块番茄比萨叠放在 1/2 的 1 块芝士比萨上
- 引导观察："番茄区不能完全盖住芝士区！"（2/5 < 1/2）

[4] 切割重组验证

- 将 1/2 的芝士比萨切成 5 小块，与 2/5 的番茄比萨块并排对比："看！1/2 切成 5 份后变成 5/10，比 2/5（4/10）多 1 份呢"

[5] 骰子决策深化认知

- 孩子扔骰子决定吃哪种分数，用实物块兑换真实零食

- 故意让孩子先选 2/5，发现得到的食物比选 1/2 的爸爸少

[6] 错误尝试——自我修正

- 鼓励孩子："试试不平均分，把 5 份中的 2 份切大一点儿？"
- 当大小不一的"作弊比萨"无法拼回完整圆形时，理解等分的必要性

家长引导指南

✓ 关键提问时机：

当孩子粘贴配料时问："为什么番茄片这么挤？"

在重叠对比时问："数字大的分数反而小，哪里出问题了？"

✓ 生活迁移：

饭后分水果时突击提问："你想要 2/3 个苹果还是 3/5 个？"

用孩子身高类比："比较一下 1/2 米（你的书桌高度）与 3/5 米（你的身高）。"

知识点延伸彩蛋

1. 用剩下的比萨块演示：

- 3/5 + 1/2 = ？（引出通分需求："不同大小的块不能直接加"）

2. 制作"双层比萨"：

- 下层均分 6 块，上层均分 4 块，理解"同一个 1 的不同分割方式"

通过这种**对比冲突具象化**（视觉可见的大小反转）+ **允许试错**（作弊切割的反向验证）+ **多重表征转换**（整圆、扇形块、条形切割）的三维认知冲击，孩子会深刻理解：**分母是分法，分子是取法，数字大小不等于实际占比大小。**

我觉得 DeepSeek 设计的《芝士大作战：比萨分数大发现》情景游戏特别好，它可以将抽象的分数问题转化为可操作、可实验的游戏。过去，你只能口头向孩子解释分子、分母以及它们之间的乘除关系。但是现在有了 AI，你可以让孩子直观地感受到，哪个是 2/5 的比萨，哪个是 1/2 的比萨，并且孩子能够通过比较来直观地理解哪个更大，从而将抽象的问题具体化。不仅如此，你还可以进一步引导孩子将这两块（2/5 和 1/2）比萨再切成两半，比较它们之间的大小关系，让孩子在探索中领悟"分数统一单位"的重要性。

更重要的是，在游戏过程中，由于比萨不是等比切分的，如果孩子试图通过作弊获得更大块的比萨，而未能将其拼合成完整的圆形，这也会让孩子直观地感受到等分的重要性。这种设计既避免了传统教学中"直接告知规则"的灌输感，又通过生活化道具和趣味奖惩机制，将分数概念转化为可感知的生存策略，使孩子能够更深入地理解分数的真正含义。

本章介绍了通过 AI 工具赋能预习的三大策略——前测定位、思维导航和场景转化。其核心价值在于培养孩子的"元学习"能力：在知识接触的初始阶段，通过前测了解孩子已掌握与未掌握的内容；在预习课本时，将直观表象转化为数学语言的抽象思维；对于难以理解的部分，可以通过动手操作小游戏等生活迁移方式，帮助孩子形成学科素养。这种预习模式的价值不仅限于数学领域，其方法论可扩展到全学科。例如，在语文预习中，AI 可以化身为"文本侦探"，引导学生捕捉《草船借箭》中的伏笔线索或者对比鲁迅不同作品的叙事视角；在物理学习中，AI 可以生成家庭小实验方案，让孩子通过预测 – 验证模式理解浮力原理等。这种预习模式着重培养的是孩子面对未知知识时的框架构建能力、本质洞察力和迁移创新力——这些在 AI 时代愈发珍贵的人类专属智能，能把学习者从"知识容器"变成"思维舵手"。

第 2 章

孩子课后容易忘，如何用 AI 复习

豆包 × 费曼学习法

课上听懂了，作业却不会做，
复习没效果怎么办？

本章提要

- 每天的复习：AI+ 费曼学习法，让学习更高效
- 每周的复习：让 AI 帮忙完善章小结和思维导图
- 考前的复习：用 AI 制订学习计划，掌握考点

大家都知道，仅靠课堂听讲，孩子们很难充分掌握所学知识，因此，课后复习成了必不可少的重要环节。那么，怎样才能实现高效复习呢？日常复习、周复习以及考前复习各自有何独特之处？在这些不同的复习阶段，AI 技术又能为我们提供哪些帮助呢？接下来，我将向大家展示如何巧妙引导孩子熟练运用费曼学习法进行日常复习，独立制作思维导图完成每周的章节复习，以及借助 AI 生成的个性化复习计划，在考前重点复习高频考点、有效规避易错点，并全面查漏补缺。具体来说，上述内容可以归纳为以下几点。

- 每日困境：课堂听懂了，作业却不会做（AI 解决方案：费曼学习法）
- 每周痛点：知识点零散，无法形成体系（AI 解决方案：思维导图结构化梳理）
- 考前焦虑：复习抓不住重点，反复踩坑（AI 解决方案：分析试卷）

针对孩子们在复习过程中遇到的诸多难题，本章将向大家详细介绍如何将豆包这一强大的 AI 工具打造成孩子们的专属复习小帮手。

相信大家对豆包都不陌生吧？你们平时在生活中遇到各种问题时，是不是经常会向豆包请教？其实，除了回答问题，豆包还有很多好玩的功能，比如生成图片、让照片动起来、生成音乐，等等。

但是，你们知道如何将豆包与学习相结合，应用在孩子们的复习过程中吗？接下来，我将从每天的作业辅导、每周的学习总结以及考前的冲刺准备 3 个方面——为大家揭示如何操作，以使孩子们的学习之路更加顺畅。

这里选择豆包作为教学工具是出于以下几点考虑。

首先，豆包的互动性非常强。孩子们只需进入"豆包"的界面，便能通过直观的语音输入与其进行直接交流。这种简便的交互方式显著降低了孩子们使用工具的门槛，使其能够更加自然、流畅地与 AI 进行互动，从而更深入地投入学习之中。

其次，豆包的稳定性极佳。在使用过程中，豆包极少出现卡顿现象，也不会因服务器繁忙而影响正常使用，为孩子们提供了一个稳定、顺畅的学习环境。

此外，本章内容以基础知识为主，主要讲解简单概念和基础理解，不涉及复杂逻辑推理，而豆包尤其擅长处理此类基础学习任务，其专为 K12 教育开发的"豆包爱学"App，更是针对青少年学习特点进行了深度优化，欢迎大家体验使用。

一、每天的复习：费曼学习法

我们都知道，依据艾宾浩斯遗忘曲线，新知识在 24 小时内遗忘率高达 67%，而及时复习可将知识的留存率显著提升至 80%。因此，孩子在每日学习结束后，回家进行复习是十分必要的。这一举措不仅有助于他们更好地消化当天所学的课堂知识，还能有效对抗遗忘，避免陷入"一听就会，一考就废"的困境。而在众多复习方法中，费曼学习法无疑是高效之选。所谓费曼学习法，就是通过"以教促学"的方式，让孩子在复习过程中主动输出所学知识，以此加深对知识的理解和记忆。

费曼学习法主要分为 4 步：第一步是明确目标，即孩子要清楚自己要复习的知识点是什么；第二步是讲授知识，也就是让孩子尝试将所学知识讲解出来，就像教别人一样；第三步是复习更正，即让孩子在讲解过程中发现自己对知识理解的不足之处，然后进行有针对性的回顾和强化；第四步是简化表达，也就是将复杂的知识用简单易懂的语言表达出来，进一步加深理解。

费曼学习法 = 明确目标 + 讲授知识 + 复习更正 + 简化表达

下面，我将为大家详细介绍如何利用豆包这款 AI 学习工具，来辅助孩子运用费曼学习法进行复习。

步骤 1：明确目标

先明确要复习的内容，也就是让孩子对豆包说出刚刚学过的重点内容，比如今天学习了"三位数乘两位数"。

可以让孩子这样跟豆包对话："我是一名四年级的小学生，今天我学习了三位数乘两位数的计算方法。下面我想给你讲一下，你帮我听听我说得是否正确，哪里需要纠正。"

步骤 2：讲授知识

这个时候，豆包会回答你："好呀，你可以开始了。"作为家长，我们要鼓励孩子通过讲授去暴露问题。

在与豆包开启对话之前，鼓励孩子先静下心来思考一下想要表达的内容，就像老师精心准备课程一样，预先构思 3~5 分钟。这样能避免一开口就说话可能带来的逻辑混乱。然而，也不必过分担心孩子表达得不够好，毕竟孩子的思维通常较为直接，语言表达可能也不够全面，但并不影响整体的理解。因此，当孩子向豆包表达完想说的内容后，别忘了引导孩子向豆包提问："你认为我还有什么需要补充的吗？有哪些地方我没有说清楚？或者你认为还有哪些地方需要改进？"通过这样的方式，豆包就能针对孩子的思考脉络，帮助他补充遗漏的部分。

针对三位数乘两位数的计算方法，我女儿按她自己的理解这样跟豆包讲道："三位数乘两位数就是要把数位对齐，然后从个位开始相乘，进位时相加即可。"然后，她继续跟豆包说："你认为我还有什么需要补充的吗？在计算过程中还有哪些需要注意的事项？"

在回答上述问题之前，豆包会先积极肯定孩子的表述，并对孩子勇于表达的行为给予充分的鼓励。随后，它会细心地帮助孩子找出在描述过程中遗漏的知识点。例如，豆包会告诉孩子，需要详细说明乘积的数位放置位置，先用两位数的个位分别与三位数的每一位数相乘，将结果写在个位；再用两位数的十位分别与三位数的每一位数相乘，将结果写在十位。在计算过程中需要注意：在进行每一步乘法计算时，都不要忘记加上进位的数字。同时，数位必须准确对齐，否则最终结果可能会出错。

以下是豆包给我女儿的回复。

你说得很对呢。

还有一点要补充的是，先用两位数个位上的数去乘三位数，将得数的末位和两位数的个位对齐；再用两位数十位上的数去乘三位数，将得数的末位和两位数的十位对齐；最后把两次乘得的积相加。

在计算过程中要注意：计算每一步乘法的时候，不要忘记加上进位的数字。另外，数位一定要准确对齐，不然最后的结果就会出错。

如果孩子对豆包解释的内容不怎么理解，那么还可以继续追问，比如可以问："为什么用两位数十位上的数去乘三位数，得数的末位和两位数的十位对齐？"豆包会非常耐心地解释，因为十位上的数字表示几个十，同时，它还会给孩子举例说明原因。

以下是豆包的回复。

这是因为十位上的数字表示几个十。

举例来说，有一个两位数是 30，一个三位数是 123。当用 30 中的 3（在十位上，表示 3 个十）去乘 123 的时候，实际上是在算 30 个 123 是多少。$3 \times 123 = 369$，但这个 369 其实是 30×123 中的一部分，它表示的是 30 个 123 中的 30 个百，所以这个结果的末位要和十位对齐，这样才能保证最终的结果是通过正确的加法运算得到总的乘积。

步骤 3：复习更正

孩子在讲授过程中，如果遇到不懂的、不会的、卡壳的或逻辑顺不下去的情况，既可以选择翻阅图书或笔记来寻找答案，也可以直接追问豆包。但是，需要明确的是，仅仅理解知识点并不等同于能够熟练解题。我们仍需通过实际题目来检验孩子是否真正掌握了知识。但这样做并不意味着我们提倡无目的地"刷题"，而是强调作为巩固知识的一种有效方式，做题不仅能够帮助孩子学会调用知识点，还能引导他们理解如何将知识点融入具体的试题情景之中，这对孩子的学习而言是至关重要的。

在做题的过程中，孩子如果遇到不会做的题目或者经常出错的题目，也可以向豆包提问。例如，在三位数乘两位数的计算中，有一种类型的题目非常容易出错，那就是十位带 0 的情况，很多孩子会忘记把 0 加上，如下图所示。

$$
\begin{array}{r}
3\,2\,1 \\
\times\quad 3\,0 \\
\hline
9\,6\,3
\end{array}
$$

　　这时，在拍照上传自己的错题后，可以这样向豆包提问："在计算三位数乘两位数时，如果遇到十位带 0 的情况，我经常会忘记将这个 0 抄下来，就像上面的例子一样。请问这是什么原因造成的？有什么好的解决方案吗？"

　　豆包不仅会帮你分析错因（比如注意力不集中、计算习惯问题、对乘法运算理解得不透彻等），而且会给出相应的解决方案。大家可以看看豆包给出的如下答案，这个答案还是很有参考意义的。

在计算三位数乘两位数时，如果十位带 0 经常忘记把这个 0 抄下来，那么可能有以下几种原因。

- **注意力不集中**：在计算过程中，可能因为分心或者思维跳跃，没有将注意力完全集中在十位的 0 上，导致忽略了它。
- **计算习惯问题**：如果平时在计算时没有养成仔细检查的习惯，或者对 0 的占位作用不够重视，那么就容易出现这种情况。
- **对乘法运算理解得不透彻**：没有真正理解三位数乘两位数的计算原理，尤其是 0 在其中的作用，导致在计算时出现失误。

针对这些问题，可以尝试以下几种解决方案。

- **加强注意力训练**：在计算时，尽量保持专注，避免外界干扰。可以通过一些注意力训练（比如做一些专注力小游戏）来提高自己的注意力水平。
- **养成良好的计算习惯**：在计算完成后，仔细检查每一步的计算过程，特别是有 0 的地方，确保没有遗漏。可以采用"回头看"的方法，从结果倒推回去，检查计算过程是否正确。

- **深入理解乘法运算原理**：重新学习三位数乘两位数的计算方法，特别是 0 在乘法运算中的占位作用。可以通过做一些相关的练习题，加深对原理的理解。
- **使用辅助方法**：在计算时，可以在十位的 0 下面画一条横线或者做一个标记，提醒自己不要忘记。也可以将 0 单独写出来，与其他数字分开计算，然后再将结果合并。

此外，豆包还具有超实用的拍照搜题功能，该功能就在界面左下角。当孩子面对比较难的题目时，家长可以引导孩子直接拍摄题目并上传，把豆包当作专属的一对一辅导老师进行提问。这 功能与市面上主流的解题类应用存在显著差异。这些解题类应用都有自己的题库，里面的解析是老师们提前写好的。然而，如果孩子搜索的题目不在题库中，那么就无法得到答案了。相比之下，豆包的拍照搜题功能不受题库限制，它就像是一位真人老师在给孩子进行一对一的指导，能够根据每个孩子的不同问题生成专属的个性化答案，进而更有效地帮助孩子解决学习中的难题，助力其学习进步。

当然，必须指出的是，豆包的搜题准确率在不同学科和题型中存在差异。在文科领域，其表现尤为突出，但在数学等理科科目中，题目准确率约为 70%~85%，对于复杂题型甚至可能出现推理错误。例如，在代数题的测试中，豆包曾因忽略约束条件而得出错误结论。所以，我们要辩证地看待对豆包的使用，不要全然相信它给出的答案。一方面，可以采取多模型交叉验证的方式，比如对关键题目同步使用 ChatGPT、DeepSeek 等工具来验证答案；另一方面，当遇到疑问时，可以对豆包进行追问，追问模板为："请分步解释解题过程，特别是第 [具体步骤] 步的推导依据"。我认为这实际上是一件好事，它有助于培养我们的批判性思维能力。因此，对于关键考试题目，建议充分利用豆包约 85% 的基础题准确率优势，并将其与人工复核相结合，建立"AI 初筛 + 关键过程复核"的学习机制。

步骤 4：简化表达

为了避免孩子在三位数乘两位数的计算中出错，我们可以请豆包帮忙编一个口诀。通过这个口诀，孩子可以更快、更准确地进行计算。我们可以这样向豆包提问："豆包，你能帮我编一个三位数乘两位数的口诀吗？最好把容易出错的地方也编进去。"

豆包很快就会生成一个口诀，比如"三位乘两位，计算莫着急。先乘个位数，再乘十位数。个位若为 0，占位要牢记。十位若有 0，乘后别忘记。最后两积加，答案就清晰。"这个口诀不仅好记，还特别提醒了容易出错的地方，能让孩子在计算时更加细心，从而提高计算的准确率。

二、每周的复习：章节复习与思维导图

最近有位五年级的家长焦急地来跟我反映："孩子单元测试中的应用题全部做错了，说自己根本看不懂题目！"我一看试卷便明白

了问题所在——孩子的知识点都是零散的碎片，自然拼不出完整的解题思路。这时，我们需要借助"思维导图"这一工具，将零散的知识串联起来。我们的复习工作，不仅要每天做，每周也得做，只不过每周的复习采用的方法不同。我通常建议孩子们采用画思维导图的形式来更好地整合知识点，以形成系统的知识结构和网络，这样才能更有效地提高学习效率和成绩。

你或许会想，那是否可以直接让豆包帮孩子生成思维导图呢？且慢。这样做无疑是本末倒置了。这就好比帮孩子整理书包，虽然书本都被摆放得整整齐齐，但孩子自己永远也记不住文具放在哪个夹层里。我们让孩子亲手绘制思维导图，其实是在带领他们建造属于自己的"知识游乐园"。每添一个分支，就像是铺设一条游览路线；每写一个关键词，就如同安装一个导览牌。当孩子自己拿着彩笔将"乘法口诀"和"应用题"用彩虹桥连接起来时，他们的小脑袋里就在构建专属的记忆通道。

现成的思维导图就如同别人精心拍摄的景区地图，虽然制作精美，但终究只是从"游客视角"出发。而孩子自己亲手绘制的思维导图，是他们用纯真的童心搭建的"成长城堡"。在考试中遇到难题时，这就像在城堡里寻宝一样，他们能顺着自己设计的密道快速找到隐藏的"知识藏宝点"。这个过程所积累的不仅是知识，更是一种将会伴随他们一生的学习超能力。所以，绘制思维导图是为了实现更深入的学习，而不仅仅是为了完成任务而机械地书写。

正确的做法应该是这样的：先让孩子尝试自己绘制一幅思维导图，然后再让豆包帮孩子补充完善。在此过程中，豆包可以提醒孩子注意哪些知识点被遗漏了、哪些地方的概念层级关系处理不当，以及哪些知识点存在书写错误等问题。

你可以这样跟豆包对话："我是一名四年级的小学生，我给你上传了一幅我总结的北师大版四年级数学上册课本中'生活中的负数'一章的思维导图（拍照上传孩子绘制好的思维导图，具体图片参见下图），你帮我看看，我总结的知识点是否有遗漏、不完善的地方，或者是否存在错误。如果有，请你告诉我。"

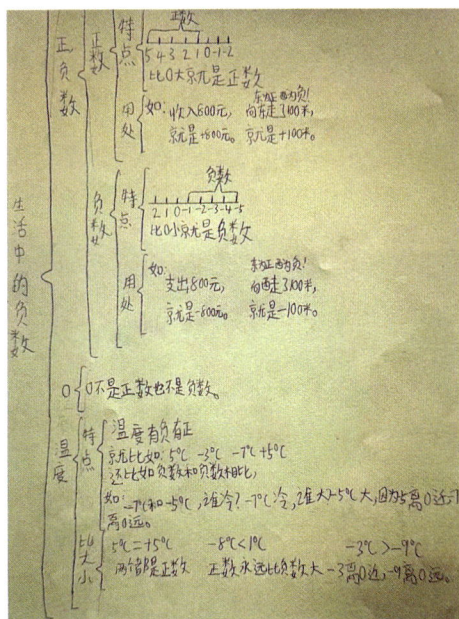

豆包会非常体贴地告诉你，孩子整体写得很棒，并详细列举出孩子这张思维导图的优点。同时，它会提醒你还有哪些可以补充或者完善的地方。以下是豆包的回答。

你的总结整体非常棒，涵盖了北师大版四年级数学上册课本中"生活中的负数"一章的主要知识点，以下是一些小建议。

优点：

1. 概念清晰：正数、负数以及 0 的概念界定准确，分别说明了正数比 0 大，负数比 0 小，0 既不是正数也不是负数。
2. 生活实例丰富：通过收入支出、向东向西走等生活中常见的场景来解释正负数的应用，很好地体现了数学与生活的联系。
3. 比较大小全面：以温度为例，详细说明了正数与正数、正数与负数、负数与负数之间比较大小的方法。

可以补充或完善的地方：

1. 数轴部分：可以进一步强调数轴上正数在 0 的右边，负数在 0 的左边，这样能更直观地理解正负数与 0 的位置关系以及正负数之间的大小关系。
2. 拓展应用：除了已有的收入支出以及方向的例子，还可以补充海拔（高于海平面记为正，低于海平面记为负）等生活中其他应用负数的场景，拓宽对负数应用的理解。

总体来说，你总结得很不错，基本没有错误，也没有遗漏重要概念，按照这样的方式学习，你能很好地掌握数学知识。

不知道你有没有担心过，如果豆包对北师大版教材的理解不够深刻该怎么办？我最开始也非常担心这个问题。所以，我使用我非常熟悉的高中生物教材，让豆包生成了某一章的知识图谱。我认为豆包生成的内容，从概念层级到知识的颗粒度上还是非常不错的，匹配度能达到 90% 以上。不过需要注意的是，豆包并未直接生成思维导图，而是以分级结构的形式导出了内容，如下图所示。如果你希望将文字内容转换为思维导图的形式，可以借助 Xmind、MindManager 等工具来实现。这种操作相对简单，网上也有很多相关教程，这里我就不再赘述了。

如果你仍然担心它给出的内容不够全面，那么可以采用**课标锚定法和双维验证法**。课标锚定法是指在提示句中加上具体的课标编码（可通过教育部官网下载或者从任课老师那里获取）。双维验证法是指上传教材对应的章节页（如目录页、单元导读页等），进行双向复核验证。建议孩子们每周任选一种方法进行一次深度诊断，并与日常的快速检查相结合，这样可以有效提升知识的结构化效率。

三、考前的复习：制订学习计划与掌握考点

期末考试前最怕什么？当然是复习不到点子上！期末考试前的时间可是分秒必争的，所以，我们最好请豆包来帮我们"把把脉"。具体怎么做？可以把孩子最近做的几套卷子拍照发给豆包，让它来帮我们分析一下孩子的薄弱之处。

这里，我把我女儿某一次的数学测试卷（参见下页图）发给了豆包。（点击上传图片即可。注意，在对话前需要点击"深度思考"模式，这样豆包才能给出更优质的分析结果。）然后，我对它说："这是我女儿最近做的一套数学测试卷，她已经完成了自判，请帮我分析一下孩子的学习情况。她主要在哪些地方做错了？这张试卷反映出孩子哪些学习问题？她在哪些地方需要加强？"

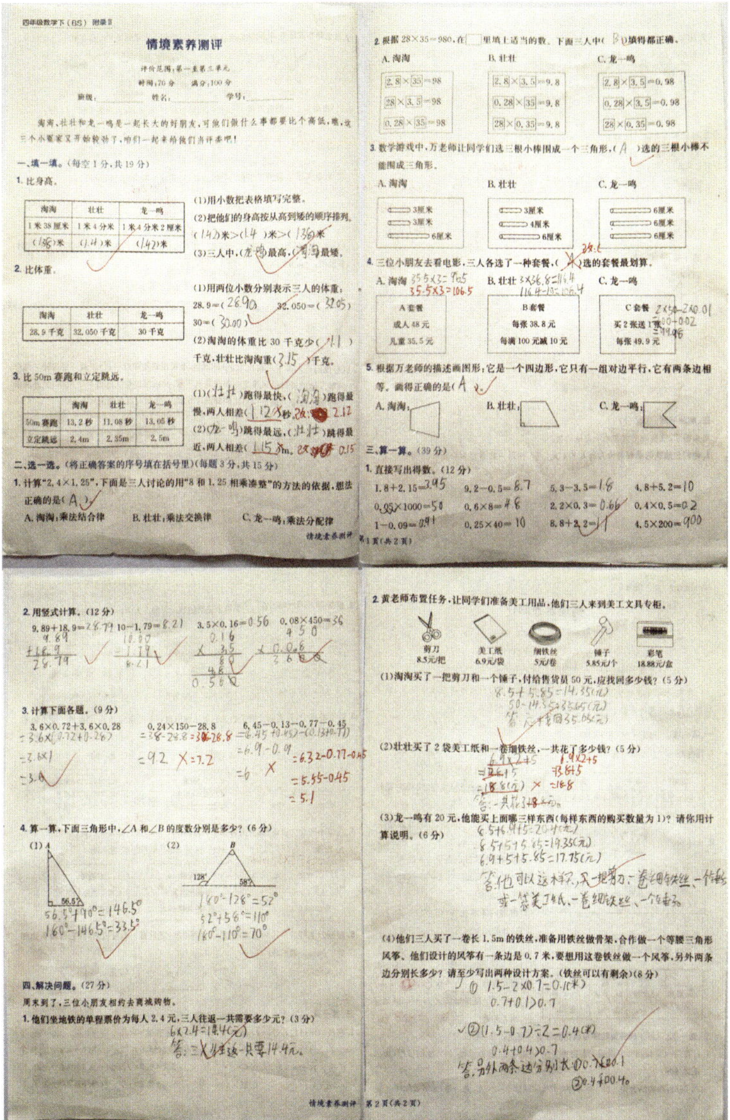

四年级数学下（BS）附录Ⅱ

情境素养测评

评价范围：第一至第三单元

时间：70 分　满分：100 分

班级：______　姓名：______　学号：______

淘淘、壮壮和龙一鸣是一起长大的好朋友，可他们做什么事都要比个高低，瞧，这三个小冤家又开始较劲了，咱们一起来给他们当评委吧！

一、填一填。（每空 1 分，共 19 分）

1. 比身高。

淘淘	壮壮	龙一鸣
1 米 38 厘米	1 米 4 分米	1 米 4 分米 2 厘米
（1.38）米	（1.4）米	（1.42）米

（1）用小数把表格填写完整。

（2）把他们的身高按从高到矮的顺序排列。

（1.42）米＞（1.4）米＞（1.38）米

（3）三人中，（龙一鸣）最高，（淘淘）最矮。

2. 比体重。

淘淘	壮壮	龙一鸣
28.9 千克	32.050 千克	30 千克

（1）用两位小数分别表示三人的体重：

28.9＝（28.90）　32.050＝（32.05）　30＝（30.00）

（2）淘淘的体重比 30 千克少（1.1）千克，壮壮比淘淘重（3.15）千克。

3. 比 50m 赛跑和立定跳远。

	淘淘	壮壮	龙一鸣
50m 赛跑	13.2 秒	11.08 秒	13.05 秒
立定跳远	2.4m	2.35m	2.5m

（1）（壮壮）跑得最快，（淘淘）跑得最慢，两人相差（1.12）秒。

（2）（龙一鸣）跳得最远，（壮壮）跳得最近，两人相差（1.15）m。

二、选一选。（将正确答案的序号填在括号里）（每题 3 分，共 15 分）

1. 计算"2.4×1.25"，下面是三人讨论的用"8 和 1.25 相乘凑整"的方法的依据，想法正确的是（A）。

A. 淘淘：乘法结合律　B. 壮壮：乘法交换律　C. 龙一鸣：乘法分配律

情境素养测评　第 1 页（共 2 页）

2. 根据 28×35＝980，在□里填上适当的数。下面三人中（B）填得都正确。

A. 淘淘：2.8×35＝98；28×3.5＝98；0.28×35＝98

B. 壮壮：2.8×3.5＝9.8；0.28×35＝9.8；28×0.35＝9.8

C. 龙一鸣：2.8×3.5＝0.98；0.28×3.5＝0.98；28×0.35＝0.98

3. 数学游戏中，万老师让同学们选三根小棒围成一个三角形，（A）选的三根小棒不能围成三角形。

A. 淘淘：3厘米、3厘米、6厘米　B. 壮壮：3厘米、4厘米、6厘米　C. 龙一鸣：6厘米、6厘米、6厘米

4. 三位小朋友去看电影，三人各选了一种套餐，（A）选的套餐最划算。

A. 淘淘　A 套餐：成人 48 元，儿童 35.5 元

B. 壮壮　B 套餐：每张 38.8 元，每满 100 元减 10 元

C. 龙一鸣　C 套餐：买 2 张送 1 张，每张 49.9 元

5. 根据万老师的描述画图形：它是一个四边形，它只有一组对边平行，它有两条边相等。画得正确的是（A）。

A. 淘淘　B. 壮壮　C. 龙一鸣

三、算一算。（39 分）

1. 直接写出得数。（12 分）

1.8＋2.15＝3.95　9.2－0.5＝8.7　5.3－3.5＝1.8　4.8＋5.2＝10

0.05×1000＝50　0.6×8＝4.8　2.2×0.3＝0.66　0.4×0.5＝0.2

1－0.09＝0.91　0.25×40＝10　8.8＋2.2＝11　4.5×200＝900

2. 用竖式计算。（12 分）

9.89＋18.9＝28.79　10－1.79＝8.21　3.5×0.16＝0.56　0.08×450＝36

3. 计算下面各题。（9 分）

3.6×0.72＋3.6×0.28　0.24×150－28.8　6.45－0.13－0.77－0.45

4. 算一算，下面三角形中，∠A 和∠B 的度数分别是多少？（6 分）

（1）56.5°　（2）128°　58°

四、解决问题。（27 分）

周末到了，三位小朋友相约去商城购物。

1. 他们坐地铁的单程票价为每人 2.4 元，三人往返一共需要多少元？（3 分）

6×2.4＝14.4（元）

答：三人往返一共要 14.4 元。

情境素养测评　第 2 页（共 2 页）

2. 黄老师布置任务，让同学们准备美工用品，他们三人来到美工文具专柜。

剪刀 8.5元/把　美工纸 6.9元/袋　细铁丝 5元/卷　锤子 5.85元/个　彩笔 18.88元/盒

（1）淘淘买了一把剪刀和一个锤子，付给售货员 50 元，应找回多少钱？（5 分）

（2）壮壮买了 2 袋美工纸和一卷细铁丝，一共花了多少钱？（5 分）

（3）龙一鸣有 20 元，他能买上面哪三样东西（每样东西的购买数量为 1）？请你用计算说明。（6 分）

6.9＋5＋5.85＝17.75（元）

（4）他们三人买了一卷长 1.5m 的铁丝，准备用铁丝做骨架，合作做一个等腰三角形风筝。他们设计的风筝有一条边是 0.7 米，要想用这卷铁丝做一个风筝，另外两条边分别长多少？请至少写出两种设计方案。（铁丝可以有剩余）（8 分）

我相信你看到它的回复一定会很惊诧。豆包能在几秒内扫描完孩子的试卷，并给出针对性的指导意见。以下是豆包的回答。

试卷错误分析及学习建议

一、主要错误点及原因

1. 小数运算错误（算一算第 3 题）

- **错误**：$0.24 \times 150 - 28.8 = 7.2$，错算为 9.2；$6.45 - 0.13 - 0.77 - 0.45$ 的计算步骤混乱，结果错误。

- **原因**：对小数减法规则（数位对齐、借位）掌握不牢，简便运算定律（如减法性质）应用生疏，计算时因粗心而未验证结果。

2. 几何问题不严谨（解决问题第 2 题的第 (4) 问）

- **错误**：等腰三角形边长设计未完整分类讨论（仅算底为 0.7 米的情况，漏算腰为 0.7 米的情况；或描述不清，未明确腰和底）。

- **原因**：对等腰三角形"腰和底"的分类讨论思想理解不足，缺乏几何问题的全面分析能力，未验证三边关系（如 $0.7 + 0.1 > 0.7$ 是否成立）。

3. 粗心计算（填一填第 3 题）

- **错误**：50 米赛跑时间差（$13.2 - 11.08 = 2.12$，错算为 1.12）和立定跳远差距（$2.5 - 2.35 = 0.15$，错算为 1.15）。

- **原因**：做小数减法时数位对齐错误，注意力不集中，未养成检查习惯。

二、反映的学习问题

1. 计算能力薄弱：小数运算（加减乘除、简便运算）易错，对运算规则和定律的应用不熟练，影响计算速度和准确性。

2. **几何思维欠缺**：处理等腰三角形等几何问题时，缺乏分类讨论和严谨验证（如三边关系），导致答案不完整或表述不严谨。

3. **粗心问题突出**：低级计算错误（数位、符号、结果）频发，未形成有效检查机制，影响答题质量。

三、加强方向

1. 计算专项提升

- **每日练习**：安排 10 分钟小数运算（含简便运算），重点训练小数减法（如 $36 - 28.8$ 分解为 $36 - 28 - 0.8 = 7.2$），强化数位对齐和结果验证。

- **定律应用**：通过"例题 + 变式"练习，熟练掌握减法性质（$a - b - c = a - (b + c)$）、乘法分配律等，提升简便运算能力（如 $6.45 - 0.45 - (0.13 + 0.77) = 5.1$）。

2. 几何严谨性训练

- **分类讨论**：针对等腰三角形，系统分析"已知边为腰"和"已知边为底"的两种情况，计算后验证三边关系（如 $0.7, 0.7, 0.1$ 需满足 $0.7 + 0.1 > 0.7$），形成"计算→分类→验证"的解题流程。

- **规范表达**：训练清晰描述几何解答（如"方案一：腰为 0.7 米，底为 0.1 米；方案二：底为 0.7 米，腰为 0.4 米"），提升逻辑严谨性。

3. 习惯养成

- **粗心纠正**：做题时标注关键数据（如"往返""买 2 送 1"），计算后用估算快速检查（如 $13.2 - 11.08$ 估算为 2，发现 1.12 错误），养成"一审二算三查"的答题习惯。

- **错题管理**：整理错题本，分类记录计算错误（如小数运算）和几何分析错误（如分类缺失），每周复盘，总结易错点（如小数点位置、分类讨论遗漏），有针对性地改进。

总结

孩子需在计算准确性、几何问题的全面分析及粗心问题上重点加强。通过专项训练提升运算能力，通过几何专题培养严谨思维，同时强化检查习惯，逐步提升数学综合素养。建议家长与孩子共同制订学习计划，分阶段突破薄弱环节，增强学习的系统性和规范性。

我将豆包的分析与我的分析比较了一下，发现它确实分析得挺全面，每个小题的问题所在以及后续如何加强都分析得很到位。但它对孩子最后一题分析等腰三角形的情况误判了。所以，对于 AI 给出的答案，我们最好还是人工验证一下，然后再对孩子的学习情况做综合判断。从这张试卷可以看到，目前阶段孩子最主要的问题是小数的计算不熟练、计算能力比较薄弱，并且计算习惯不好，因此需要加强计算专项练习。可见，豆包给出的分析还是很中肯的。（"豆包爱学"里有专门的作业批改功能，大家也可以试试。）

既然已经找出孩子近期学习的问题了，那接下来该怎么做呢？通常情况下，大家会选择购买一本参考书，然后从中找出对应单元的习题让孩子进行练习。然而，现在有了豆包，情况便大为不同。借助豆包，我们可以更加迅速、及时地获取反馈信息。只需直接让豆包针对某一知识点出一道反馈题即可，这样便能更为高效地帮助孩子巩固所学知识，进而提升学习效果。

例如，针对"小数计算"的问题，我们可以请豆包出一些反馈题目。你可以这样和它说："针对上面'小数计算'的错误问题，请帮我出 10 道类似的计算题，让孩子做及时的反馈练习。"豆包可以迅速给出相关的题目，如下所示。

小数计算练习

1. 小数加减法

- $15.67 + 3.23 =$
- $20 - 7.89 =$
- $12.34 - 5.67 =$
- $9.8 + 1.23 - 5.4 =$

2. 小数乘法

- $2.5 \times 0.4 =$
- $3.6 \times 0.5 =$
- $0.25 \times 1.2 =$

3. 小数混合运算（含简便运算）

- $4.5 \times 0.8 + 4.5 \times 0.2 =$
- $7.8 - 1.2 - 2.8 =$
- $1.25 \times 3.2 \times 2.5 =$

豆包生成的反馈题目是不是还挺全面的？

当然，豆包还能帮你生成套卷，你可以根据自己的具体需求个性化地提出要求。例如，你可以这样问："豆包，你能帮我出一套针对北师大版四年级数学上册的期中考试试卷吗？要求有 30% 的基础题，50% 的中档题，20% 的难题，其中选择题 10 道，填空题 5 道，大题 3 道。"你还可以提出其他各种细致的要求，比如附加特定的考点、突出易错点，或者设定某些题目的具体情境等。豆包会根据你的需求精准生成相应的试卷。

总的来说，作为一款功能强大的 AI 学习工具，豆包不仅能够帮助孩子进行日常复习，而且能助力孩子完成章节总结。到了考前冲刺阶段，豆包还能为孩子提供针对性的学习指导和复习建议。不过，我知道很多家长会担心：使用 AI 会不会让孩子变懒？其实，这种担忧完全没必要。事实正好相反！在这里我给大家分享一个真实的例子。有个初二的孩子，刚开始使用豆包时，总是依赖它直接给出答案。家长察觉到这个问题后，我教家长设置了"提问密码"。具体操作就是，在孩子和豆包交流的时候，不能直接问"这道题怎么做"，而是必须先和家长说出自己的思路，在得到家长的认可后才能使用手机去向豆包寻求帮助。通过这样的方式，孩子就养成了先思考再提问的好习惯。

以经典的"火车过隧道"的题目为例。要计算火车过隧道的时间，这里的关键在于明确路程是隧道和火车的总长，然而，这一点常常被孩子们忽略，从而导致在解题时出现错误。但是，我们不能直接让孩子问豆包这道题的具体解法，而是要引导孩子说出自己的思路。我们可以利用"解题线索卡"引导方法来启发孩子，逐步让他们学会独立思考，自己找到正确的解题方向。具体做法如下。

(1) 准备三色便利贴纸

💛 在黄色贴纸上写已知条件（例如：已知速度为 5 米 / 秒）

💙 在蓝色贴纸上写公式定理（例如：路程＝速度×时间）

💗 在粉色贴纸上写卡壳点（例如：不知道时间怎么求）

(2) 定规则

如果想用豆包来解答，则必须先把黄、蓝、粉三色贴纸贴在题目旁边，经家长检查后才能使用。

(3) 豆包使用话术升级

❌ 原提问："火车过隧道题目怎么做？"

✅ 新提问："我在用路程公式时，已知火车速度为每秒 200 米，桥长 800 米，但不知道是否需要计算火车自身长度，请用类似坐地铁过隧道的例子来解释。"

最后，我想提醒各位家长注意以下几点。

(1) 请确保孩子每天使用 AI 的时间不超过半小时，正如只有适量食用糖果才不会对健康造成影响一样。

(2) 定期引导孩子从屏幕前回到现实世界，比如可以将豆包设计的题目制作成桌游卡牌。

(3) 最为重要的不是考试分数，而是孩子能够亲身体验到学习的乐趣。我们更希望听到孩子说："妈妈（爸爸），我发现数学其实挺有趣的！"

我诚挚邀请大家一同利用 AI 技术，帮助孩子更高效地学习。在下一次家长会上，我期待听到你们分享孩子的成长和进步。

第 3 章

摆脱题海战术，如何用 AI 帮孩子正确"刷题"

DeepSeek × 刻意练习

"刷"了很多题，

分数也提升不上去怎么办？

本章提要

- 做错了怎么办：让 AI 帮忙分析错因，引导正确思路

- 不会做怎么办：用苏格拉底提问法一步步生成思维链

- 刻意练习如何做：让 AI 根据母题生成反馈题

　　孩子们在做题的过程中常常会陷入低效的困境。他们会盲目地大面积"刷题"，犹如无头苍蝇般四处乱撞，难以精准分辨哪些知识点已经熟练掌握，哪些还尚存漏洞。

　　假设你平时非常忙，没有太多时间指导孩子的学习。某一天，你的孩子从学校带回了数学测验卷，卷面上有一两道错题，另有一两道题目孩子表示不会做。面对这种情况，你千万不要指责孩子，脱口而出诸如"怎么这么简单的题目还出错""怎么这道题都不会做"之类打击孩子自信心的话。过去，你可能也尝试过让 AI 来替代你耐心地辅导孩子功课，但是不是觉得它非常笨拙，经常答非所问，无法精准有效地提供帮助？然而，自从 DeepSeek 推出之后，这个困扰我们已久的问题终于得到了极大的改善与解决。

　　关于如何注册 DeepSeek，前面我们已经介绍过。现在，让我们打开 DeepSeek。你会发现，它不仅可以教孩子如何解题，还可以帮助孩子分析为何出错。该工具特别针对数学问题进行了优化，因此，在解决数学难题时，DeepSeek 无疑是众多大模型中的佼佼者。然而，请注意，要充分发挥 DeepSeek 的强大功能，使用时需点击开启深度思考模式。

一、做错了怎么办：让 AI 帮忙分析错因，引导正确思路

这里，我将以我女儿在四年级上学期经常会做错的一道题目为例，为大家进行详细讲解。

第一步，手动输入题目和孩子的答题过程，或者拍照上传让 DeepSeek 识别也可以。上传完错题后，不要着急提交，你需要在题目后面附上你的问题，例如，我输入的是以下内容："这是我上小学四年级的女儿做的题，这道题她做错了，她认为只有这两种方案。请解释一下为什么她做错了。"

题目：

4 名老师带 16 名学生去游乐场，门票价格如下：成人票 80 元 / 人，学生票 40 元 / 人，团体票 50 元 / 人（10 人为一个团），请问如何买票最划算？

学生作答：方案 1：4 名老师买成人票：$4 \times 80 = 320$（元）；

16 名学生买学生票：$16 \times 40 = 640$（元）；

总价：$320 + 640 = 960$（元）

方案 2：所有人都买团体票：$20 \div 10 = 2$，$2 \times 50 \times 10 = 1000$（元）

因为方案 1 的总价小于方案 2，所以 4 名老师买成人票，16 名学生买学生票最划算。

DeepSeek 在接收到这些信息后，便会开始思考。不妨让孩子观察其思考过程，这对于孩子在面对同类型题目时建立正确的思维模式将会极具启发性。下面展示的是 DeepSeek 对于我所提出的问题的思考过程，大家可以看一下它是如何一步步进行分析的。

已深度思考（用时 30 秒）∧

嗯，用户提到他上小学四年级的女儿做错了一道数学题，题目是关于买票最划算的方案。女儿只考虑了两种方案：一种是分开买成人票和学生票，另一种是全买团体票，结果得出第一种更便宜。但老师说这个答案错了，说明还有其他方案需要考虑。

首先，我需要仔细看一下题目。题目说有 4 名老师和 16 名学生，总共 20 人。门票价格为成人票 80 元 / 人，学生票 40 元 / 人，团体票 50 元 / 人，但团体需要 10 人一个团。女儿的方案 1 是老师和学生分开买，4 × 80 加上 16 × 40，总共 960 元。方案 2 是全部买团体票，20 人分成两个团，每个团 10 人，所以 2 × 10 × 50 = 1000（元），确实更贵。所以她认为方案 1 更好，但老师说这个答案是错的。

那问题出在哪里呢？可能女儿漏掉了其他组合方式，比如部分买团体票，部分单独买。例如，老师和学生组成一个团体，或者让一部分人买团体票，剩下的买个人票，这样可能更省钱。

例如，团体票 50 元 / 人，比成人票 80 元 / 人便宜，但比学生票 40 元 / 人贵。所以，如果老师买团体票，学生买学生票可能更划算。或者，把老师和部分学生组成一个团体，剩下的学生买学生票。

具体来说，4 名老师加 6 名学生可以组成一个 10 人团体，这样费用是 10 × 50 = 500（元）。剩下的学生是 16 - 6 = 10（人），买学生票 10 ×

40 = 400（元）。总费用 500 + 400 = 900（元），比原来的 960 元还便宜。

或者，有没有可能组成两个团体？比如每个团体里尽量多包含老师，因为老师的差价更大。例如，两个团体，每个 10 人，但可能老师不够。4 名老师分布在两个团体里，每个团体有更多学生，但团体票50 元 / 人，而学生单独买 40 元 / 人更便宜，所以可能不划算。这时候需要考虑是否组合老师和学生到团体中，让老师节省的钱超过学生多花的钱。

例如，一个团体包含 4 名老师和 6 名学生，费用 10 × 50 = 500（元），而原本老师需要 4 × 80 = 320（元），学生需要 6 × 40 = 240（元），总共 560 元。所以团体票 500 元比分开买节省了 60 元。剩下的学生是10 人，买学生票 10 × 40 = 400（元），总费用 500 + 400 = 900（元），这比原来的 960 元省了 60 元，更划算。

所以正确的方案应该是老师和部分学生组成一个团体，剩下的学生买学生票，这样总费用更低。而女儿可能只考虑了全部买团体票或者全部分开买，没有考虑混合方案，导致错误。

女儿出错的原因可能是她没有想到可以部分买团体票，部分买学生票。作为四年级的学生，可能思维还比较直接，没有考虑到组合的情况。这时候需要教她如何拆分团体，找到最优的组合方式，也就是如何用团体票来节省老师的费用，同时尽量减少学生部分的花费。

DeepSeek 仅思考 30 秒就给出了解释。你会发现，它真的非常聪明。它直接点明了解决这个题目的关键所在：发现价格差异。因为成人票（80 元）比团体票（50 元）每人贵 30 元，学生票（40 元）比团体票（50 元）每人便宜 10 元，所以"应该尽量让老师通过购买团体票来省钱，同时避免学生多花冤枉钱"。这才是问题的本质。

对于同一题目，我也利用 Kimi 1.5 长思考模式进行了解答。结果显示，尽管 Kimi 最终也给出了正确答案，并且提供了混合方案，但在混合方案的构思上，它的表现显得相当笨拙。它分别计算了 4 名老师 + 6 名学生、3 名老师 + 7 名学生、2 名老师 + 8 名学生等不同组合的价格，并进行逐一比较。虽然这样做并非不可行，但孩子在考场上时间有限，根本无法逐一枚举计算。

以下是 Kimi 给出的思维过程。

首先，计算总人数：
4 名老师 + 16 名学生 = 20 人

方案 1：单独购买所有票
- 老师：$4 \times 80 = 320$（元）
- 学生：$16 \times 40 = 640$（元）
- 总计：$320 + 640 = 960$（元）

方案 2：全部购买团体票
- 20 人分成 2 个团体，每个团体 10 人：$2 \times 50 \times 10 = 1000$（元）

方案 3：混合购买
- 选项 A：4 名老师 + 6 名学生
  - 团体票：$10 \times 50 = 500$（元）
  - 剩余学生：$16 - 6 = 10$（名学生）
  - 学生票：$10 \times 40 = 400$（元）
  - 总计：$500 + 400 = 900$（元）

- 选项 B：3 名老师 ＋ 7 名学生
  - 团体票：$10 \times 50 = 500$（元）
  - 剩余老师：$4 - 3 = 1$（名老师）
  - 老师票：$1 \times 80 = 80$（元）
  - 剩余学生：$16 - 7 = 9$（名学生）
  - 学生票：$9 \times 40 = 360$（元）
  - 总计：$500 + 80 + 360 = 940$（元）
- 选项 C：2 名老师 ＋ 8 名学生
  - 团体票：$10 \times 50 = 500$（元）
  - 剩余老师：$4 - 2 = 2$（名老师）
  - 老师票：$2 \times 80 = 160$（元）
  - 剩余学生：$16 - 8 = 8$（名学生）
  - 学生票：$8 \times 40 = 320$（元）
  - 总计：$500 + 160 + 320 = 980$（元）

比较所有方案，最省钱的方案是选项 A，即 4 名老师和 6 名学生买团体票，剩下的 10 名学生买学生票，总价 900 元。

最终答案是：

900 元，购买一个 10 人的团体票（4 名老师和 6 名学生）和 10 张单独的学生票

除此之外，DeepSeek 还为我分析了女儿出错的原因。这是因为四年级学生容易陷入"非此即彼"的固定思维，未能拆分团体进行灵活组合以得出最优方案。并且，它还为我提供了教学建议，告诉我可以教孩子采用图形化的思考方式，通过直观操作来帮助孩子建立"针对性省钱"的思维模式，具体内容如下所示。

你女儿的错误在于仅考虑了全部买团体票或全部单独买票两种极端方案，而忽略了更优的混合购票策略。以下是关键分析步骤。

最优方案解析：

1. **发现价格差关键：**
   - 成人票（80 元）比团体票（50 元）每人贵 30 元
   - 学生票（40 元）比团体票（50 元）每人便宜 10 元
   - 应尽量让老师通过购买团体票省钱，同时避免学生多花冤枉钱

2. **构建混合方案：**
   - 将 4 名老师与 6 名学生组成一个 10 人团体：$10 \times 50 = 500$（元）
   - 剩余 10 名学生单独买学生票：$10 \times 40 = 400$（元）
   - **总费用**：$500 + 400 = 900$（元），比原方案节省 60 元

3. **方案对比验证：**
   - 原方案：$4 \times 80 + 16 \times 40 = 960$（元）
   - 全团体票：$20 \times 50 = 1000$（元）
   - 混合方案：900 元（最优）

错误原因：

四年级学生容易陷入"非此即彼"的思维，未能拆分团体灵活组合。需引导她注意以下几点。

- 团体票不要求成员身份统一。
- 优先用团体票覆盖最贵的人群（老师）。
- 剩余人群选择单价最低的票种。

教学建议：

用图形化方法帮助理解。

- 画 4 个老师头像和 16 个学生头像。
- 用红圈圈出 4 名老师＋6 名学生组成团体（省 60 元，30 × 4 － 10 × 6 ＝ 60）。
- 剩余学生单独买票（保持最低单价）。

  通过直观操作建立"针对性省钱"的思维模式。

讲到这里，孩子肯定已经掌握了这道题目的解题方案。但是，我更希望孩子能够掌握这类题目的解法，确保今后不再犯类似的错误。于是，我问 DeepSeek："能否为我总结一下这类题目的思考步骤？比如第一步应该做什么，第二步应该做什么，这样我女儿下次遇到类似的题目时，就能够按照这种缜密的逻辑去思考问题，从而避免再次犯错。"

它思考过后，给出了如下步骤：第一步，明确题目信息；第二步，分析每种票的性价比；第三步，尝试不同的购票组合；第四步，比较所有方案，选择最优；第五步，总结规律；第六步，举一反三。它的思路非常清晰，步骤极具条理性。不过，这还不算什么，更神奇的是，它在答案的最后居然给我编了一个口诀：比单价，找省钱；贵人群，优先团；便宜人，单独买；多尝试，选最优。这种口诀朗朗上口，犹如我们的办事清单。每当孩子做这类题时，只需对照这份"清单"逐一检查，就能系统性地分析类似的问题，从而确保不再犯同样的错。

以下是 DeepSeek 给出的详细回复。

当然可以！以下是解决这类 "最优购票方案" 问题的通用思考步骤，以帮助你女儿建立清晰的解题思路。

第一步：明确题目信息

1. 列出所有票种及其价格
   - 成人票：80 元 / 人
   - 学生票：40 元 / 人
   - 团体票：50 元 / 人（10 人成团）

2. 明确人数
   - 成人：4 人
   - 学生：16 人
   - 总人数：20 人

第二步：分析每种票的性价比

1. 比较单价
   - 成人票（80 元）比团体票（50 元）每人贵 30 元
   - 学生票（40 元）比团体票（50 元）每人便宜 10 元

2. 确定省钱方向
   - 成人尽量通过团体票省钱（每人省 30 元）
   - 学生尽量单独买学生票（每人省 10 元）

第三步：尝试不同的购票组合

1. 极端方案一：全部单独买票
   - 成人买成人票，学生买学生票

- 计算总价：$4 \times 80 + 16 \times 40 = 960$（元）

2. 极端方案二：全部买团体票
   - 20 人分成 2 个团体
   - 计算总价：$2 \times 10 \times 50 = 1000$（元）

3. 混合方案：灵活组合
   - 将成人全部纳入团体，搭配部分学生
   - 4 名成人 + 6 名学生 = 10 人团体，费用：$10 \times 50 = 500$（元）
   - 剩余 10 名学生单独买学生票，费用：$10 \times 40 = 400$（元）
   - 总费用：$500 + 400 = 900$（元）

第四步：比较所有方案，选择最优

1. 全部单独买票：960 元
2. 全部买团体票：1000 元
3. 混合方案：900 元
   - 结论：混合方案最划算

第五步：总结规律

1. 优先用团体票覆盖最贵的人群（如成人）
2. 尽量让便宜的人群单独买票（如学生）
3. 灵活拆分团体，不一定所有人都买同一种票

第六步：举一反三

1. 如果题目发生变化（如成人票更贵，或团体票人数要求不同），那么依然按照以下步骤：
   - 比较单价，确定省钱方向
   - 尝试极端方案和混合方案

　　。选择最优方案

2. 用图形化方法辅助理解：
　　。画图表示不同人群，用不同颜色标记省钱的部分

总结口诀：

1. 比单价，找省钱
2. 贵人群，优先团
3. 便宜人，单独买
4. 多尝试，选最优

通过以上步骤，你女儿就可以系统地分析类似问题，避免遗漏更优方案。

　　大家都可以像我一样，引导孩子尝试这种方法。通常情况下，孩子们往往只是机械地完成一道道题目，缺乏对问题的深入思考和系统整理。他们未能深入挖掘题目背后的逻辑链条，没有构建起清晰的思考框架，更谈不上归纳出解决问题的通用策略，这导致知识碎片化，难以灵活运用。面对错题，孩子们可能只是草率地标记，却没有深入探究错误的根源，或者分析得不够精准，不明白自己的障碍所在，因此无法从根本上解决问题，错题依旧重复出现，学习陷入僵局，难以实现真正的进步。然而，借助 AI 技术，我们现在能够帮助孩子更深刻地理解题目，从而打破这一僵局。

二、不会做怎么办：用苏格拉底提问法一步步生成思维链

前面我已经详细地讲解了 AI 如何帮助我们整理错题。然而，在实际学习过程中，我们也常常会遇到这样的情况：有的题目，孩子并非因为粗心或计算错误而做错，而是从一开始看到题目时就完全没有任何解题思路，根本不知道该如何下手。更为棘手的是，当询问孩子具体哪里不会时，他们往往也说不清楚，无法准确指出自己的困惑所在。面对这种情境，我们应该怎么办呢？接下来，我仍以一道小学数学题为例，来为大家详细阐述如何利用 AI 来解决这类问题。

题目： 如果□ 96 × 2 的结果是三位数，那么□里填入的最大数为 _____，最小数为 _____。

第一步，先把这道题目输入到 DeepSeek 中，或者拍照上传，让 DeepSeek 识别这道题目。

第二步，运用苏格拉底提问法，引导 DeepSeek 展示解题思路。

那什么是苏格拉底提问法呢？在古希腊时期，有位智者名叫苏格拉底，他酷爱提问。通过不断提问，他激励听者自我思考、深入挖掘，逐渐厘清自己的想法，最终独立找到答案，领悟诸多道理。这就像我们参与猜谜游戏，随着猜测的深入，真相逐渐浮出水面。简单来说，苏格拉底提问法是一种通过连续提问，引导对方深入思考问题本质，帮助其自主发现知识和真理的策略。它利用问题作为工具，激

发学习者主动探索、澄清概念，促进批判性思维和创造力的发展。

于是，我向 DeepSeek 中输入了以下内容："我是一名四年级的小学生，面对这道题目感到无从下手，能否借助苏格拉底提问法，一次只向我提出一个问题，引导我学会如何解决这道题目？"

它回答说："好的，我们用苏格拉底提问法来一步步分析这道题目。首先，题目给出的形式是'□96 × 2'，你能理解'□96'表示什么吗？"

我回答说："它表示一个三位数。"

它接着说："对的，'□96'是一个三位数，它的个位是 6，十位是 9，百位是'□'表示的数字。接下来，题目中说'□96 × 2'的结果是三位数。请问，乘以 2 后得到的结果，最大可以是哪个三位数呢？"

我回答说："最大的三位数是 999，所以，这里最大也只能是999 吧？"

它肯定地说："对的，最大的三位数是 999。"然后，它进一步向我提出了问题："那么，假设'□96'乘以 2 后不超过 999，你能推算出'□96'最大的值是多少吗？"

我觉得它在这里跳步了，所以故意回答它说我不会。

于是，它接着分步骤进行解决。它说："好的，我们一步步来推理。我们知道'□96'乘以 2 后的结果不能超过 999。所以可以这样推算：首先，把 999 除以 2，看看'□96'最大可以是多少。你能算出 999 除以 2 的结果是多少吗？"

我回答道："是 499.5。"

它说："很好，999 除以 2 的结果是 499.5。由于'□96'必须是一个整数，因此接下来的最大整数是 499。所以，'□96'最大可以是 499。你觉得'□'中能填入的最大数字是什么呢？"

我回答道："是 4。"

它说："对的，最大可以填入的数字是 4。所以，'□96'的最大值是 496。接下来，我们来思考最小的情况。题目要求的是'□96 × 2'还是三位数，那么你认为'□96'最小可以是多少，且乘以 2 后还是三位数呢？"

我回答道："是 1。"

它说："对的，最小的情况是'□96'可以是 196。当'□'填入 1 时，'□96'就是 196，乘以 2 后结果是 392，依然是三位数。所以，最小可以填入的数字是 1。总结一下：最大可以填入的数字是 4；最小可以填入的数字是 1。"

我继续问它："你能给我总结一下这种题目的做题方法吗？也就是说，当我遇到另外一个类似的题目时，应该怎么做呢？"

于是，它清晰地总结出了详细的做题步骤（如下所示）。它告诉我，在面对这类题目时，首先要理解题目并找出乘积的范围；然后用范围除以确定的乘数，来确定另外一个乘数可能的最大值和最小值；最后确定"□"中可以填入的最大值和最小值。在遇到类似题目时，只需按照这个步骤依次进行计算，即可轻松解决。

做题步骤：

1. 理解题意

题目给出的形式是 "□96 × 2"，要求乘积是三位数。首先理解 "□96" 是一个三位数，百位是未知数 "□"。

2. 确定乘积范围

因为题目要求乘积是三位数，所以乘积的范围应该在 100 和 999 之间。因此，你需要找出一个范围，使得 "□96" 乘以 2 后的结果不超过 999。

3. 确定最大值

计算 999 ÷ 2，得到最大可以填入的数字。根据计算结果，可以推算出 "□96" 最大的值是多少。然后确定 "□" 中的最大数字。

4. 确定最小值

计算 100 ÷ 2，得到最小可以填入的数字。根据计算结果，可以推算出 "□96" 最小的值是多少。然后确定 "□" 中的最小数字。

5. 填入答案

根据上述推理，填写出 "□" 的最大值和最小值。

总结：

- 先理解题目并找出乘积的范围；
- 然后用范围除以 2 来确定可能的最大值和最小值；
- 最后确定 "□" 可以填入的最大值和最小值。

遇到类似题目时，可以按照这个步骤依次进行计算。这样，你就能轻松解决这类题目了！

有了 DeepSeek，我们就像请到了一位专属的一对一家教，它专注于为学习者提供个性化的指导服务。在与它进行互动对话的过程中，DeepSeek 不仅能够循序渐进地引导你展开每一步的推理，帮助你理解每一个知识点，还能根据你的需求灵活调整教学方式，确保你能掌握问题的核心要点。通过这种个性化的辅导模式，AI 能够帮助我们逐渐构建起清晰的思维框架，熟练掌握解题思路。无论遇到什么难题，AI 都会不厌其烦地解答，直到你完全弄懂为止。这样的学习方式不仅能够提升学习效率，还能帮助学生培养独立思考和解决问题的能力，真正做到因材施教。

三、刻意练习如何做：让 AI 根据母题生成反馈题

在数学学习过程中，很多学生和家长往往会陷入一个认知误区，以为题"刷"得越多，数学成绩就能越好，因此不经意间便掉进了"刷题陷阱"。然而，他们的这种想法实际上是大错特错的！这种低水平的重复练习，就如同在跑步机上不停地奔跑，尽管大汗淋漓，却始终原地踏步，无法真正提升数学能力。实际上，真正的"王道"是刻意练习，而不是盲目的"题海战术"。刻意练习强调有目的、有计划地进行"刷题"。

此时，AI 就能大显身手，助力我们正确地"刷题"。就以我们前面提到的"错题"和"不会做"的题目为例，你要将它们积累起来，

视作"母题"。母题很重要，因为相比于盲目地"刷"100 道新题，不如做 10 道母题，并为每道母题配备 5 道有针对性的反馈练习题。

例如，针对前面提到的买票问题，我就会问 DeepSeek："能否帮我出一道类似的题目，看看我女儿是否掌握了？"

以下是 DeepSeek 给我出的一道类似的题目。

题目：
某学校组织春游活动，共有 5 名老师和 25 名学生一同前往动物园。门票价格如下。

- 成人票：90 元 / 人
- 学生票：45 元 / 人
- 团体票：60 元 / 人（15 人成团）

请问如何买票最划算？请写出计算过程和最终方案。

实际上，在上述题目之后，DeepSeek 还非常热心地根据它之前为我提供的解题步骤，按照逻辑一步步给出了答案（由于篇幅所限，这里就不一一展示了）。因为题目与答案是一起给出的，所以你可以让孩子先做这道题。待孩子作答完毕后，再将其答案与 AI 所提供的解题步骤进行仔细比对，以此检查孩子是否存在省略步骤的情况。有逻辑地写出每一个步骤且不跳步骤是初中和高中理科学习的基本功。而这一能力的培养，需从小学阶段就开始着手。

我也让 DeepSeek 针对填最大值或最小值问题出了一道题目。以下是它迅速给出的一道类似题目。

题目：

如果□85 × 3 的结果是三位数，那么□里填入的最大数为 _____，
最小数为 _____。

你可以先按照之前的方法一步步推算，看看能否解决。

通过这样的反馈练习，孩子们便能进行有针对性的训练，从而更好地巩固所学知识，并显著提升解题能力。AI 根据母题生成的反馈题，能够帮助孩子在类似题型上反复锤炼，加深对知识点的理解和应用，彻底摆脱盲目"刷题"的低效模式。同时，这种有针对性的练习还能帮助孩子发现自身的薄弱环节，及时调整学习策略，提升学习效率。如此一来，孩子们便能真正实现从"题海战术"向"刻意练习"的转变，让数学学习之旅变得更加高效和有目的性。

总结起来，在本章内容中，我为大家详细介绍了 AI 帮助孩子正确"刷题"的姿势。主要包括以下几个方面。

(1) 错题整理与分析。向 AI 中输入错题或拍照上传，并附上具体问题，让它帮助分析错因，提供解题思路和优化方案。同时，让它总结解题步骤和规律，形成易于记忆的口诀或清单，从而使孩子在遇到类似题目时能够快速且准确地解决问题。

(2) 解题思路引导。对于孩子不会做的题目，通过苏格拉底提问法，让 AI 逐步引导孩子思考，帮助其建立清晰的解题逻辑。

(3) 母题与反馈题练习。将错题和难题积累为母题，让 AI 生成有针对性的反馈题，进行刻意练习，巩固知识点，提升解题能力。

同学们可以将这些方法广泛应用于日常学习之中，无论是数学的其他模块，还是物理、化学、生物等学科，都可以借鉴这种"AI 辅助学习"的新模式。作为生物老师，我发现 DeepSeek 在解决生物高考题时表现很不错，它能把从 *Nature* 等科研文献中改编来的试题逻辑梳理得非常清楚。因此，我强烈推荐你也尝试将 AI 辅助学习法应用于其他理科学科的学习。

第 4 章

无须死记硬背，如何用 AI 轻松背单词

DeepSeek × 情景记忆法

让天底下没有难背的单词

本章提要

- 让 AI 把单词放入语境中，沉浸式背单词
- 让 AI 提供单词的联想记忆方法，背起来更轻松
- 让 AI 生成短期集中快速突破单词的背诵计划

　　我经常听到许多同学抱怨英语学习非常困难，但我要坚定地告诉你，英语实际上是最容易提分的学科。而想要迅速提高英语分数，关键在于掌握词汇，因为词汇是英语学习的"地基"。如果词汇基础不牢固（就像在松软的沙滩上建造高楼一般，根基不稳），那么即便投入再多的精力，也难以支撑起稳固的知识架构，进而导致听力、阅读和写作能力都难以稳步进步。然而，记忆单词对许多学习者来说似乎是一场噩梦。传统的记忆方法往往依赖于机械式重复，忽略了将词汇置于实际语境中的重要性，致使学习过程变得枯燥乏味。特别是对于那些长度较长、拼写复杂的单词，这种记忆方式显得力不从心，使得学习者极易陷入"记了又忘，忘了再记"的恶性循环。但别担心，在本章中，我将介绍一种科学有效的方法，并一步步地指导你巧妙利用 AI 技术更快速、更有效地记忆单词，让你的英语学习之路从此畅通无阻。

　　本章所使用的 AI 工具是 DeepSeek，相信大家对它已经再熟悉不过了。但如何用 DeepSeek 背单词呢？接下来我将介绍一些具体的方法。

一、让 AI 将单词融入故事中

　　很多家长会要求孩子逐个背诵课本的单词表中的单词，这种方法虽然简单直接，但效率非常低。单词被孤立地摆放在眼前，缺乏鲜活的语境和内在的逻辑联系，就如同一颗颗散落的珍珠，虽各自闪烁却难以串联成一条精美的项链。

AI 的一大优势是可以帮助我们把一个个独立的单词巧妙地连接起来。例如，我们可以向 AI 提供需要背诵的单词列表，随后指示它将这些单词编织成一篇有趣的故事，或者创作一篇与单词主题紧密相关的文章。这些由 AI 生成的故事或文章，不仅完整涵盖了我们需要背诵的单词，而且将它们置于具体的语境中，使得每个单词不再是孤立的语言符号，而是形成了有逻辑、有内在联系的语言单位。

举个例子，你现在可以打开 DeepSeek。

第一步，向 DeepSeek 提供你要背诵的素材。这里我以上小学四年级的女儿要背诵的英语单词为例进行讲解。我首先拍摄她的英语课本中第一单元的单词列表，然后在 DeepSeek 中上传这张单词列表的照片，并在对话框中输入"请识别图中的单词"这一指令。这样 DeepSeek 就会根据你提供的文件内容，列出单词列表。

第二步，将单词放到语境中。我们可以在 DeepSeek 的对话框中输入："用这些单词编写一篇 200 词左右、四年级小朋友喜欢读的英文故事，并在故事中用加粗字体特别标记出列表中的单词。"

举例来说，我女儿非常喜欢小狗，所以在这篇故事的设计里，我特别要求 DeepSeek 利用列表中的所有单词生成了与养狗有关的小故事（此处未展示这篇文章）。这样做是出于以下两点考虑：一方面，由于孩子对故事情节感兴趣，因此更容易理解故事内容；另一方面，因为这个场景是她喜欢的，所以她更愿意反复阅读。当然，你还可以生成任何其他题材的文章，比如消防员救火、警察抓小偷，等等。总之，你可以根据你家孩子的喜好，灵活替换故事的主题。

这样，每个单词就不再是一座座孤岛，而是链接成了有逻辑、有情境的语句画卷。通过反复阅读这些精心设计的小故事，孩子便能在轻松愉快的阅读过程中，自然而然地理解和记住单词的用法。

以下是 DeepSeek 根据前面我给出的提示内容生成的一篇与小学校园有关的阅读文本。

On the **first floor**, they had their **teachers' office**, where they often went to ask questions. Right **next to** it was the **library**, a magical place filled with books. Up on the **second floor**, they had the **computer room**, where they learned to type and play educational games. The **art room** was their favorite, where they could paint and draw to their heart's content. The **music room** was just as fun, filled with instruments and songs.

During recess, they would rush to the **playground**, a vast space where they could run and play. **Next to** the **playground** was the **class** garden, where they planted flowers and vegetables. One day, their teacher gave them **homework** to find **forty** different types of leaves. They searched every **way** possible, exploring every corner of the school.

By the end of the day, they had collected all the leaves and learned so much about their school. Unit 1 was indeed a wonderful start to the school year!

第三步，用 DeepSeek 生成题目来对孩子进行测试。请注意，学习过程中的实时反馈是非常重要的，它能让你及时知道自己有哪些不足以及如何进行改进。其实，大模型强化学习中的一个重要机制就是实时反馈。所以，当孩子觉得已经学会了单词以后，一定要通过测试来验证他的学习成果。这时你可以在 DeepSeek 的对话框中输入："请根据上面的小短文，针对四年级小学生的词汇量，为我设计 5 道单词填空形式的单项选择题来进行测试，采用四选一模式即可。"在收到这些指令后，DeepSeek 很快就能为你生成相关的题目。家长们可能担心孩子会投机取巧，只选择刚刚识记的单词，然而 DeepSeek 实则深知你的顾虑。它可能会把某个单词放在不同题目中作为选项，以此确保孩子必须动脑筋才能作答。这样一来，其实相当于又让孩子有效地复习了一遍刚刚学过的单词。

以下是 DeepSeek 根据上面的阅读文本，针对四年级小学生的词汇量，给出的 5 道单词填空形式的四选一模式单项选择题。

1. The ___ is on the first floor, where we can borrow books.
   A. playground   B. library
   C. computer room   D. art room

2. Our ___ is on the second floor, where we paint and draw.
   A. music room   B. teachers' office
   C. art room   D. library

3. The ___ is next to the playground, where we play games.
   A. computer room
   B. library
   C. teachers' office
   D. playground

4. We havc our ___ in the computer room, where we learn to type.
   A. homework
   B. class
   C. way
   D. forty

5. The ___ is on the first floor, where our teachers work.
   A. library
   B. teachers' office
   C. music room
   D. art room

如果上述题目都回答正确，我们可以进一步将孩子置于应试的情景中。这时，你可以让 DeepSeek 帮你生成一篇包含上述单词的阅读理解题目，题材可以是说明文、议论文等考试中常见的类型。你可以输入："请帮我生成一篇包含上述单词的科技文阅读理解，并配 5 道题目，每道题目提供 4 个选项。"通过实时反馈，我们可以及时调整学习内容和难度，确保孩子进行快速学习，始终保持在最佳的学习状态，并得以进行有针对性的复习。

二、让 AI 帮我们架起记忆的桥梁

相较于那些易于记忆的单词，有些单词则可能是"硬骨头"，即使在语境中学习，可能仍然难以牢记，比如单词"ambulance"等。

此时，我们可以让 AI 为我们提供多种记忆方法，以便更有效地记住这些单词。

我女儿在背诵 PET（Preliminary English Test）单词时，她的英语老师向她介绍了联想记忆法、词根词缀记忆法等多种方法。例如，当讲到 "ambulance" 这个单词时，老师让孩子们联想为 "俺不能死"；对于单词 "pest"，则联想为 "拍死它"。这样的联想使我女儿对单词的记忆格外深刻。然而，并不是每个单词都有这样的记忆方法，这就需要我们自己去思考如何联想才能更有效地记忆。而思考一个单词的记忆方法，无疑既耗时又耗力。当然，市面上有一些课程已经为我们整理出了每个单词的具体记忆方法，但这样的课程往往价格不菲，至少要花费 500~600 元。

现在，有了 AI 技术，我们可以让 AI 帮我们思考单词的最佳记忆方法，这样我们就能节省这部分时间、精力和开销。假如你要记忆 "noxious" 这个单词，那么就可以在 DeepSeek 中输入："请用联想记忆法等帮我记忆'noxious'这个单词，比如'ambulance'可以联想为'俺不能死'。"在这里，你最好能给 AI 一个具体的例子，告诉它希望它怎么联想，因为举例可以更好地帮助 AI 理解你的想法。

以下内容展示了 DeepSeek 如何运用联想记忆法记忆单词 "noxious"。

可以这样用联想记忆法来记住"noxious"这个单词："noxious"的意思是"有毒的""有害的"。我们可以把它拆分成两部分来联想。

1. no：可以理解为"没有"或"不要"。
2. xious：听起来像"秀死"（"秀"是"展示"的意思，"死"是结果）。

联想记忆："不要秀死"，意思是"不要展示有毒的东西，否则会死"。通过这样的联想，就能记住"noxious"是"有毒的"或"有害的"的意思啦!

例如：
The noxious gas made everyone feel sick.（有毒的气体让每个人都感到不适。）

再比如，对于单词"abandon"（放弃），DeepSeek 可能会用联想记忆法告诉我们，将这个单词联想为"a baby don't"，其含义是"不要这个婴儿"。这种联想之所以有效，是因为放弃某样东西的感觉，如同遗弃一个婴儿一样，令人印象深刻。当我们从 DeepSeek 那里获得各种记忆方法后，只需从中选择一种自己最容易接受、记忆效率最高的方法，并牢记它。这种方法极大地提高了背诵单词的效率，使我们能够更加轻松地掌握大量词汇。

这种方法在实际操作中已展现出显著成效。以我的一个学生为例，通过采用这种方法，他在一个暑假内就成功背诵了 1500 个单词。有了 AI 的助力，背单词不再是一种折磨，而是一件轻松又有趣的事儿。

三、让 AI 帮我们生成单词背诵计划

我认为，孩子在背单词的时候，一定要一气呵成，集中精力在一段时间内完成，而不是每天背诵一点儿，均匀分配力量。假如总共要背 1500 个单词，就应该集中在暑假的一两个月内完成，而不是将其分散到全年，每天只背几个单词。那么，如何集中力量办大事呢？关键在于要学会合理地制订背诵计划。

我在《成为学习高手》一书中讲过，最好的复习方式不是天天复习，而是故意将学习内容搁置几天，等到提取强度慢慢变弱了，再进行一次复习，这被称为"间隔效应"。如下图所示，红色曲线代表遗忘曲线，绿色曲线代表抵抗遗忘的曲线（学习曲线）。第一天学习后，遗忘一定会发生，我们要用复习去抵抗遗忘，所以，复习频率为第 2、4、8、15 天，这样安排复习节奏是最佳的。

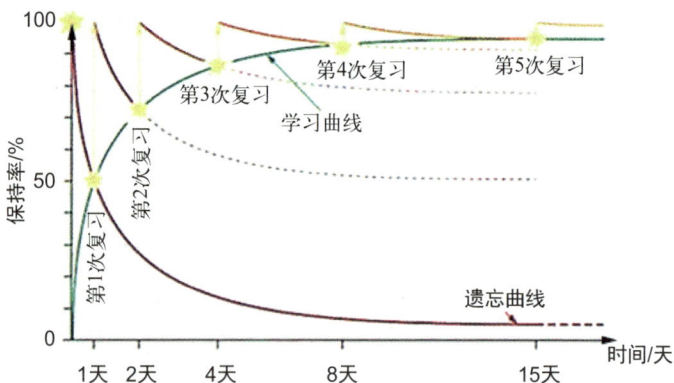

我们在背单词的时候也应遵循间隔原理，为此，你可以让 AI 帮你生成一份单词背诵计划。例如，你可以在 DeepSeek 中输入："我要在 21 天内背 15 个单元的单词，每个单元约含 100 个单词，我计划每天新学习 2 个单元左右，每个单元都是在学习之后的第 1、2、4、8、15 天进行复习。帮我生成一份单词复习计划，请列出一张表格，第一列表示天数，第二列表示新学习单元，第三列表示当天要复习的单元。"

下面是 DeepSeek 根据上述要求按照间隔原理生成的一张单词背诵计划表（篇幅所限，这里只展示部分内容）。

以下是为你制订的 21 天单词背诵计划表，按照艾宾浩斯遗忘曲线设计，确保高效记忆。

天数	新学习单元	当天要复习的单元
第 1 天	Unit 1，Unit 2	无
第 2 天	Unit 3，Unit 4	Unit 1，Unit 2
第 3 天	Unit 5，Unit 6	Unit 3，Unit 4
第 4 天	Unit 7，Unit 8	Unit 1，Unit 2，Unit 5，Unit 6
第 5 天	Unit 9，Unit 10	Unit 7，Unit 8
第 6 天	Unit 11，Unit 12	Unit 9，Unit 10
第 7 天	Unit 13，Unit 14	Unit 11，Unit 12
第 8 天	Unit 15	Unit 1，Unit 2，Unit 7，Unit 8，Unit 13，Unit 14
第 9 天	无	Unit 3，Unit 4，Unit 9，Unit 10，Unit 15
第 10 天	无	Unit 5，Unit 6，Unit 11，Unit 12
第 11 天	无	Unit 7，Unit 8，Unit 13，Unit 14
第 12 天	无	Unit 9，Unit 10，Unit 15

过去我编排这样一张计划表至少需要一小时，现在借助 AI，仅需 2 分钟即可搞定。接下来，你就可以按照这份计划开启你的单词背诵之旅了。当然，在背单词的时候，千万不要忘记我前面讲到的"在语境中学习"和"运用联想记忆法、词根词缀记忆法等高效且快速的方法"。

在英语学习的征途中，单词是我们的"通关钥匙"。过去，背单词可能是一场"苦战"，但现在，有了 AI 的助力，一切都变得轻松又有趣。当你家孩子在背单词的时候，不要忘记我给你的三大"法宝"：第一，根据学习需求，利用 AI 生成有趣的故事或文章，将目标单词融入具体的语境中，并让 AI 据此生成题目，以测试孩子对单词的掌握程度；第二，对于难啃的骨头（单词），让 AI 根据你的要求生成多种记忆方法，比如联想记忆法、词根词缀记忆法等；第三，根据间隔原理为孩子制订个性化的单词背诵计划，确保其在最佳时间复习，巩固记忆。别再让"abandon"成为孩子英语学习旅程中第一个放弃的单词了！赶紧拿起 AI 这个强大的工具，助力你家孩子的英语学习一路畅行无阻。

当然，本章内容不仅限于帮助小学生背单词，对于初高中的孩子同样适用。如果孩子在背古文（诗）时遇到困难，也可以应用本章介绍的这些方法。后续我们也会用专门的一章来讲解古诗、古文的背诵方法，请大家接着往下读。

第 5 章

孩子英语听力常丢分，口语难开口，如何用 AI 训练听说能力

豆包 × 角色扮演法

再也不用花钱请外教了

本章提要

- 口语互动练习
  - ✧ 模拟日常场景的真实对话
  - ✧ 主题辩论训练，进行模拟观点碰撞
- 听力训练：精准听写与理解
  - ✧ 让 AI 生成个性化听力材料
  - ✧ 利用 AI 进行逐句听写
  - ✧ 让 AI 自动化进行批改

在英语听力方面，孩子们常常会陷入这样的困境：尽管单词量已经足够，但一旦遇到语音现象（如连读、弱读、吞音等），仍然无法理解句意。那什么是语音现象呢？例如，"wanna"代替"want to"，"gotta"代替"got to"，或者"could've"因弱读而被误听为"could of"。这些语音现象使得孩子们在听力考试中既抓不住关键信息，又难以建立语义连贯性，最终导致理解偏差甚至完全听不懂对话内容。传统解决方案往往依赖机械的听写训练，但这种方法存在明显缺陷：听写后的逐字逐句批改不仅耗时费力，还容易让孩子失去耐心，进而无法真正理解语音规则，难以从根本上提升听力理解能力。

在口语表达方面，孩子们则常常会陷入"哑巴英语"的困境。即使单词量已经足够，他们也很难在实际交流中流利表达。因此，以下 3 种情形时常发生：**想不起单词**，明明知道可以用某个单词表达，关键时刻却想不起来；**只能蹦词**，虽然勉强说出了几个单词，但无法组织成完整的句子，语法和句式完全混乱；**无法顺畅表达**，即使说出了完整的句子，但整体表达依然生硬，缺乏连贯性和逻辑性。对此，传统方法是请外教陪练，但这种方法不仅成本高昂，而且练习次数有限，无法真正解决"语言环境缺失"的问题。

在本章中，我将教大家如何用豆包来帮助孩子训练英语听说能力。我选择豆包的原因很简单——它不仅能解决孩子在英语听说中的痛点，还能让学习变得更高效、更有趣。最重要的是，豆包强大的语音交互功能，使得它就像一位耐心的"私人外教"，不仅能听懂孩子的发音，还能实时反馈问题（比如语音语调、连读弱读的掌握情况），并且给出具体的改进建议，帮助孩子逐步攻克听说难点。

下面我们就与豆包互动起来吧。

一、口语互动练习

1. 模拟日常场景的真实对话

在英语口语学习中，AI 扮演着非常重要的角色。通过模拟真实对话场景，AI 能够为孩子提供一个低压力、高互动的学习环境，帮助他们逐步走出"哑巴英语"的困境。AI 不仅能实时分析孩子的发音、语法和表达逻辑，还能根据具体场景提供个性化的改进建议，让孩子在轻松的氛围中自如地练习口语。更重要的是，AI 所展现出的无限耐心和高度稳定性，让孩子可以毫无顾忌地反复进行练习，无须担心犯错或被嘲笑。

接下来，我们将通过一个具体的餐厅点餐对话场景，展示豆包如何帮助孩子优化表达，提升口语能力。

输入提示词："我现在希望模拟一个餐厅点餐的场景，请你扮演餐厅服务员的角色，用英文与我进行交流，难度不要太大，大概KET 水平就可以，你说一句，我答一句。"

下页图展示了我与豆包的具体交流内容。

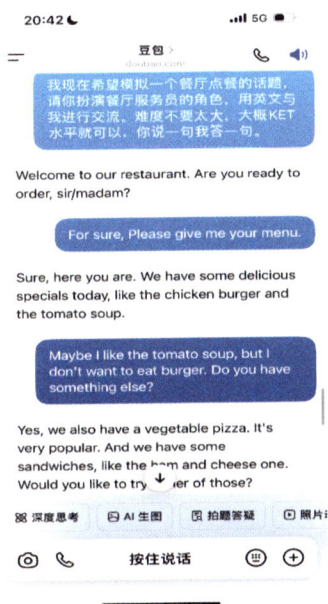

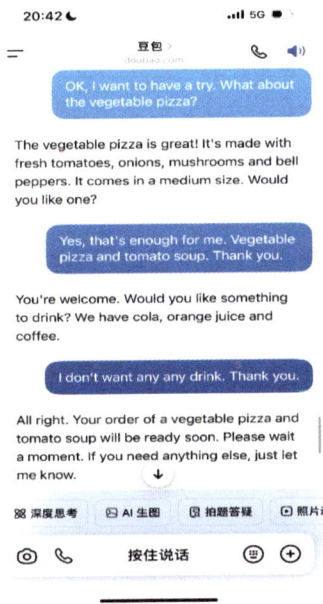

纠错反馈："请将上述我们的对话中我表达不足的地方指出来，并告诉我如何说会更好。"

下面是豆包给出的具体反馈。

在这段对话中，有以下几处可以优化的表达。

1. "Maybe I like the tomato soup." 表达稍显生硬，更自然的说法可以是 "I'd like the tomato soup." 或者 "I think I'll have the tomato soup."，这样的表达更符合点餐时的常用句式。

2. "What about the vegetable pizza?" 这句话本身没有语法错误，但在这个语境中，如果想要更直接地表达点餐意愿，可以说 "I'll have the vegetable pizza."。

3. "I don't want any any drink." 出现了重复的 "any"，正确的表达应该是 "I don't want any drink."。

在实际应用中，AI 工具的场景化练习功能非常灵活，能够根据孩子的学习需求快速调整对话内容和角色设定。除了刚才提到的餐厅点餐场景，我们还可以将练习扩展到其他生活化的对话场景，比如 "超市购物" "足球比赛" 或 "医院看诊"。通过更换话题指令，豆包可以迅速切换角色，比如在超市购物场景中扮演收银员或导购员、在足球比赛场景中扮演教练或球员、在医院就诊场景中扮演医生或护士，等等。这种多样化的练习方式不仅能帮助孩子在不同语境中灵活运用语言，还能提升他们的应变能力，增强表达自信。通过反复练习，孩子可以逐步克服语言障碍，真正达到流利自然的英语交流水平。

2. 主题辩论训练：模拟观点碰撞，提升批判性思维

在英语学习中，辩论是一种极具挑战性又非常有效的练习方式。通过与 AI 进行模拟辩论，孩子不仅能锻炼逻辑思维和语言表达能力，还能学会如何清晰地陈述观点并反驳对方的论点。AI 会根据孩子的表达水平调整难度，确保对话既具有挑战性又不失趣味性。辩论结束后，我们还可以要求 AI 提供详细的反馈（包括逻辑漏洞、语法错误、用词不当等问题），并给出相应的改进建议，以帮助孩子逐步提

升表达的准确性和流畅性。

接下来，我们将通过一个关于"学生是否应该每天使用手机"的辩论示例，来展示豆包的这一功能的实际应用效果。

输入提示词："请你作为辩论对手，与我讨论'学生是否应该每天使用手机'。你先用英语陈述你的观点，然后我会陈述我的观点，等我陈述完后，你再反驳我的观点。难度大概为 KET 水平。"

如下内容展示了我与豆包的辩论过程。

我："请你作为辩论对手，与我讨论'学生是否应该每天使用手机'。你先用英语陈述你的观点，然后我会陈述我的观点，等我陈述完后，你再反驳我的观点。难度大概为 KET 水平。"

豆包："I think students shouldn't use mobile phones every day. Mobile phones can make students not focus on their schoolwork. Many students will play games or watch videos on their phones when they should be doing homework. Also, using mobile phones too much is bad for students' eyes. Students need to read books and do exercise more, not just look at the phone screen all day. So, students should not use mobile phones every day. Now you can tell me your idea."

我："I think students can use mobile phone every day. Because like the mobile phone and AI is very prevalent in our daily use. They, the students can use the mobile phone to study well, to serve the internet, to have, check some materials to make their study more efficient and make their study better. And also, I think play games and watch video is an entertainment way for them to play with other students and they need the spare time. They need play games and watch video in their spare time to have relax. I think if they control the time to use the mobile phone, it is not too much bad, it is not too bad for the, their students for, for the eyes. So, when they control their times, using times and do exercise more, it won't have such bad effect on their, um, modesty. So I think students can use mobile phone every day."

豆包："I understand your point, but I still disagree. Even if students can use mobile phones for studying, it's very hard for them to control themselves. When they search for study materials, they may easily be attracted by other unrelated and interesting things on the Internet. For example, they might start watching funny videos instead of focusing on their study.

Also, although playing games and watching videos can be a form of entertainment, it's not a good idea to do it every day. There are many other healthier and more meaningful ways to relax, like doing sports, reading books, or chatting with family face to face. And even if they control the time, using mobile phones every day still increases the risk of eye problems and can develop a habit of relying too much on the phone. So, I still believe students shouldn't use mobile phones every day."

　　辩论完成后，可以针对辩论过程中自己的论证内容，要求豆包对其进行优化调整。

　　输入提示词："请你帮我审阅一下我刚才的论证内容，指出我的逻辑漏洞、语法错误、用词不当等问题，并告诉我你在哪里做了修改以及为什么要这样修改。请逐条列举出来。"

下面是经豆包修改后我的辩论内容，在这段内容的下方，豆包指出了具体修改点及原因。

I think students can use mobile phones every day. Nowadays, mobile phones and AI are very prevalent in our daily lives. Students can use mobile phones to study effectively. They can surf the Internet to look up some materials, which can make their study more efficient and improve their academic performance. Also, I think playing games and watching videos are forms of entertainment. It's a way for them to have fun with other students, and they need some spare-time activities. They need to play games and watch videos in their free time to relax. I think if they control the time they spend using mobile phones, it won't be too harmful to their eyes. So, as long as they control their usage time and do more exercise, it won't have a significant negative impact on their well-being. Therefore, I think students can use mobile phones every day.

修改点及原因：

1. "mobile phone" 改为 "mobile phones"，因为这里泛指手机，要用复数形式。
2. "Because like the mobile phone and AI is very prevalent..." 表述混乱，改为 "Nowadays, mobile phones and AI are very prevalent in our daily lives."，使句子结构清晰，表达更自然，"daily lives" 是常用搭配。

3. "to serve the internet" 错误，改为 "surf the Internet"，"surf the Internet" 是固定短语，表示 "上网"。

4. "to have, check some materials" 改为 "look up some materials"，"look up" 表示 "查阅"，更准确地道。"make their study better" 改为 "improve their academic performance"，"academic performance" 表示 "学术表现"，表达更正式准确。

5. "play games and watch video is an entertainment" 中，"play" 和 "watch" 作主语要用动名词形式 "playing" 和 "watching"，且谓语动词要用复数 "are"，"an entertainment" 改为 "forms of entertainment"，表示 "多种娱乐形式"。

6. "They need play games..." 改为 "They need to play games..."，"need" 在这里是实义动词，后接动词不定式。"to have relax" 改为 "to relax"，"relax" 本身就是动词，不需要加 "have"。

7. "it is not too much bad" 改为 "it won't be too harmful"，"harmful" 是形容词，表示 "有害的"，比 "bad" 更准确，用将来时 "won't" 使表达更符合逻辑。

8. "control their times, using times" 改为 "control their usage time"，"usage time" 表示 "使用时间"，表达更简洁准确。

9. "have such bad effect on their, um, modesty" 改为 "have a significant negative impact on their well-being."。

　　大家看，豆包的修改非常细致，它针对我的表达在语法、用词和逻辑方面均做了优化。不仅妥善解决了语法和用词问题，还显著提升了表达的逻辑性和正式程度。这些优化可以帮助你逐步掌握更复杂的表达方式，同时也能让你更好地理解英语的逻辑结构。建议你在练习时，重点关注这些修改点，逐步提升自己的语言能力。

二、听力训练：精准听写与理解

在英语听力学习中，传统方法往往存在效率低、反馈滞后的问题。孩子在听完材料后，可能依然无法准确理解内容，这往往迫使他们不得不反复回放音频，然而即便如此，也很难精准定位到关键信息点。同时，听写过程中出现的错误也没办法及时纠正，后续还需逐一对照听力文本仔细修改，整个过程既耗时又容易消磨孩子的耐心。

现在有了 AI，你可以让它根据孩子的学习水平，生成个性化听力材料，让它逐字逐句把内容念给孩子听，让它自动给孩子批改作业。通过这一系列流程，孩子不仅能学得会、听得懂，还能因此进入正反馈，使得学习效率大幅提升。

1. 让豆包生成听力材料

输入提示词："请帮我生成一段 2 分钟长度的慢速英语听力材料，主题为'环保行动'，包含 5 个数字、3 个地名，适合小学四年级学生阅读。请按照美式英语发音，注意连读和弱读等发音技巧，并分段呈现文本内容。"

豆包很快就生成了下面这篇符合小学四年级英语水平的听力文本。

环保行动（Actions for Environmental Protection）

Hello, kids! Today, let's talk about some important actions we can take to protect our environment.

First, let's start with saving water. In many places like California in the USA and some cities in India, water is becoming less and less. We should turn off the tap when we brush our teeth. A family can save about 20 gallons of water a day just by doing this simple thing. That's a lot of water!

Next, recycling is really important. We can recycle paper, plastic bottles, and metal cans. In many large cities, we can see recycling bins on the streets. If we all recycle our waste properly, we can reduce the amount of garbage in landfills. For example, about 30% of the waste in landfills could be recycled.

Another thing we can do is plant more trees. Trees can clean the air and give us oxygen. In the Amazon Rainforest in South America, there are millions of trees. But every year, a large number of trees are cut down. We can plant trees in our schoolyards or in our neighborhoods. Even planting just 5 trees in a small area can make a big difference.

Using less electricity is also a great way to be environmentally friendly. We can turn off the lights when we leave a room. We can also use energy-saving light bulbs. This way, we can save a lot of energy.

Finally, we can encourage our families and friends to join us in these environmental protection actions. Let's all work together to make our planet a better place to live.

So, kids, remember these actions: save water, recycle, plant trees, use less electricity, and spread the word. Let's start taking action today!

下面我们来用这一听力文本进行听写。我们来体验一下，有了 AI 以后的听写和传统的听写有什么不同。

2. 盲听 + 逐句听写

听力材料生成后，就可以开始听写了。这里我建议让孩子听两遍。

第一遍：盲听，就是纯听不写。可以点击材料后的小喇叭图标，让豆包进行语音朗读。这时，孩子需要完整地听一遍听力材料，先不进行书写，而是专注于理解整体内容。听完之后，鼓励孩子用自己的话总结大意，并输入到豆包中进行验证。最好是用英语总结，如果孩子实在不愿意说英语，那么先用中文总结也是可以的。这一步的关键是通过总结，来检验孩子是否真正理解了文章的大意，并识别他们在听力过程中是否有遗漏的内容。

可以这样和豆包沟通："我听到的主题是……，你看我表达的是否正确？有没有遗漏的地方？"

以下是我家孩子与豆包的具体沟通内容。

孩子："根据我刚才听到的，我是这样理解的，你看我的理解对不对。我们进行环保行动的方法有，比如说要多植树，然后减少使用水，减少用电。嗯，还要鼓励自己周围的朋友们一起加入环境保护的队伍。嗯，大概是这个意思，对吗？我用中文说了一遍我听到的意思，你觉得我说得对不对？"

豆包："你的理解大部分是对的，但存在一些小偏差。听力材料中提到的是'节约用水'，而不是'减少使用水'，两者略有不同。节约用水强调的是合理、高效地用水，避免浪费，而减少使用水表述相对模糊。材料中还提到了'进行回收利用'这一环保行动，比如回收纸张、塑料瓶和金属罐等。所以完整的环保行动方法有：节约用水、进行回收利用、多植树、少用电，以及鼓励家人和朋友一起参加环保行动。"

第二遍：逐句听写，这是听写的关键。要确保孩子能把每一个细节都听明白，这样他们的听力水平才能提升得更快。下面我们来看一下如何进行操作。

输入提示词："现在我想逐句听写刚才的听力材料里的第二段。可以你念一句我写一句吗？我将给你发出指令，你先念第一句，在我写完之后，会告诉你接着念第二句，可以吗？"

如下内容展示了孩子与豆包的互动过程。

孩子："现在我想逐句听写刚才的听力材料里的第二段。可以你念一句我写一句吗？我将给你发出指令，你先念第一句，在我写完之后，会告诉你接着念第二句，可以吗？"

豆包："可以的。请准备好，第一句：First, let's start with saving water."

孩子："好，这句写完了。接着念第二句。"

豆包："In many places like California in the USA and some cities in India, water is becoming less and less. "

从上面的对话中可以看出，豆包完全理解孩子的意思。它首先给孩子朗读了第一句，等孩子写完后，孩子告诉它已经写完，让它继续朗读第二句，于是它马上给孩子朗读了第二句。如果孩子某一句没听清楚，还可以点击对话界面左下角的小喇叭图标（表示重复播放），让它再次朗读那一句，直到完全听懂为止。

3. 听写自动化批改

听写完之后，可以把听写稿（参见下页图）拍照并上传给豆包，让它帮忙检查听写的内容。

Date. No.

First. Let's start with saving water. In many places, like California, in USA and some cities in India, water is becoming......? We should turn ..... when we brush our teeth. A family can save about 20 gallons water aday by doing this simple thing. That's n lot of water!

输入提示词："这是我听写完的第二段，请对比原文和我上传的听写稿，逐字检查，并用表格列出我的错误，包括拼写、数字、遗漏，等等。"

以下是豆包以表格形式给出的回答。

错误类型	原文内容	听写稿内容
拼写错误	First	Finst
标点错误	First,（正确标点为逗号）	Finst.（错误标点为句号）
单词遗漏	In many places like California in the USA（原文有定冠词 the）	In many places, like Califonia, in USA（遗漏 the）
拼写错误	California	Califonia
标点错误	In many places like California in the USA and some cities in India（此句为一句话，中间不应有多余标点）	In many places, like Califonia, in USA and some cities in India（错误标点）
单词遗漏	is becoming less and less（遗漏 less and less）	is becoming......?（内容缺失）
单词遗漏	turn off the tap（遗漏 off the tap）	turn......（内容缺失）
拼写错误	a day（分开书写）	aday（连写错误）
单词遗漏	just by doing this simple thing（遗漏 just）	by doing this simple thing（内容缺失）
拼写错误	That's a lot of water!	That's n lot of water!（此处将 a 写为 n，怀疑是孩子粗心所致）

通过 AI 的自动化批改功能，孩子的听写练习变得更加高效和精准。AI 能够快速识别并指出听写稿中的拼写错误、标点错误、单词遗漏等问题，并提供详细的修改建议。这种实时反馈机制不仅能帮助孩子及时发现问题并改正，还能逐步提升他们的听力理解能力和书写准确性。此外，AI 的批改功能还节省了孩子的大量时间和精力，让他们能够更专注于学习内容本身，从而更高效地提升英语听写能力。

本章详细介绍了如何用豆包帮助孩子训练英语听说能力，从听力和口语两个方面提供了具体的操作方法和实践场景。通过模拟真实对话、主题辩论、逐句听写和自动化批改等功能，豆包不仅解决了传统学习方法中的效率低、反馈滞后等问题，还通过实时互动和个性化练习让孩子在轻松的氛围中逐步提升语言能力。我建议，你至少可以把学到的这招和孩子一起试一下，孩子一定会觉得，原来我爸妈这么与时俱进，居然连这么酷的玩法都会！如果你在用 AI 帮助孩子训练英语听说能力方面有什么更好的玩法或建议，也欢迎与我交流分享。

第 6 章

孩子英语阅读速度慢，写作困难，如何用 AI 训练读写能力

Kimi×5W1H 法

不会英语也能辅导孩子

本章提要

- 阅读能力提升
  - ◇ 让 AI 进行文化背景介绍
  - ◇ 让 AI 帮孩子做长难句分析
  - ◇ 让 AI 帮孩子训练语法
- 写作能力提升
  - ◇ 让 AI 帮忙搭建文章结构
  - ◇ 让 AI 启发写作素材和灵感
  - ◇ 让 AI 帮忙润色文章

由于英语本身具有独特的语言结构、表达习惯和文化背景，因此它在读写层面存在一些与其他学科不同的痛点，需要我们有针对性地加以解决。

在英语阅读方面，如果孩子因词汇量不足导致理解有障碍，那么可以先参考我们在第 4 章中介绍的方法来背单词，过好单词关。当单词不再是障碍时，英语阅读的痛点主要体现在以下 3 方面。一是文化背景差异，阅读材料常常涉及西方文化内容，学生因相关知识储备不足而难以深入理解。二是长句和复杂句解析困难，英语句式与中文存在较大差异，这使得学生在抓取句子主干和理解逻辑关系时普遍存在障碍。三是语法体系错综复杂，学生虽掌握规则，但实际运用较为困难。传统的解决方法通常以教师为主导，在课堂上零散地补充背景知识；分析长难句时，往往重形式轻逻辑；语法教学方式单一、缺乏趣味性，使得学生难以掌握自主分析新句子的能力，也无法灵活运用语法知识。

在英语写作方面，孩子经常会遇到以下问题。一是逻辑和结构混乱，英语写作强调"形合逻辑"，但孩子受中文"意合表达"习惯的影响，往往行文松散，缺乏连贯性，导致文章结构混乱。二是表达不够地道，受中文思维影响，孩子容易写出中式英语，导致句子生硬、不符合英语表达习惯。例如，把"月光如水"直译成"Moonlight like water"，虽字面对应，却丢失了原文的意境，导致英语母语者难以理解。三是素材匮乏和缺乏灵感，由于英语语言积累不足，孩子在写作时常常面临无话可写的困境。传统的解决方法有两种：一是让孩子机械背诵范文和"三段式"结构，但这样会导致他们写出来的作文千篇一律，行文生硬；二是背诵所谓"万能句子"，但实际运用时不仅显得不自然，很难激发孩子的创造力，还限制了个性化表达。

本章我们要用到的工具是 Kimi，它在英语文本处理和语言学习功能上表现优异，能有效提升孩子的读写能力，是英语学习的好帮手。在阅读方面，Kimi 不仅能快速识别文章中的文化背景知识，为孩子提供详细解释，帮助他们跨越文化理解障碍，还能解析长句和复杂句，清晰展示句子结构和逻辑关系，让孩子能够轻松理解。在写作方面，Kimi 不仅能指出语法错误和拼写问题，还能通过润色指令提升表达质量，让文章生动流畅。它支持联网查询，可实时搜索最新信息，使写作内容紧跟热点。总之，在英语读写方面，Kimi 凭借其全面的功能和免费的优势，无疑已成为孩子的最佳选择。

Kimi 支持多种登录方式，我们既可以通过微信扫描二维码实现快捷登录，也可以选择传统的账号密码登录模式。在注册方面，Kimi 同样提供了极大的便利性，我们只需使用电子邮件、手机号或社交媒体账号即可轻松完成注册过程。为了满足不同用户的需求，Kimi 推出了手机版 App、网页版以及微信小程序，并且支持多端同步。

下面我们就和 Kimi 互动起来吧。

一、文化背景介绍

　　孩子们平时做的语文阅读，内容大多贴近我们自己的文化背景，所以理解起来很容易。但英语阅读就不一样了，内容经常涉及西方的节日、历史、习俗等，如果孩子们对这些不太了解，阅读就会变得吃力。想要深入理解一篇文章背后的文化内涵，孩子们往往面临两难选择：要么依赖老师在课堂上的零星讲解——但这取决于教师自身的知识储备；要么投入大量时间自行搜集资料——但这样做既耗费精力，又容易陷入信息碎片化的困境，最终导致事倍功半。

　　这个时候，我们就可以请 Kimi 来帮忙了，只需打开它并向其提问即可。不过，许多孩子在阅读时往往难以精准定位自己的文化盲点，因此不知道具体该从哪些角度提问。下面我来给大家提供一个提问的线索模板框架。

　　(1) 节日来源：XXX 节日的历史起源是什么？用孩子能理解的话语来解释一下。

　　(2) 时间与象征：什么时候过 XXX 节日？有哪些标志性符号（颜色 / 物品 / 人物）？

　　(3) 饮食传统：在 XXX 节日，人们通常吃什么特色食物？用孩子熟悉的食物打比方。

　　(4) 典型活动：XXX 节日当天，西方家庭会做哪些有趣的事情？举 3 个例子。

(5) 相关故事 / 歌曲：有没有关于 XXX 节日的经典童话 / 儿歌？用中文简单复述。

(6) 中西对比：XXX 节日和中国的哪个节日有相似点？比较它们的异同。

你可以让孩子以"万圣节"为话题来试试。通过这样的结构化提问模板，Kimi 可以将零散的文化知识点转化为孩子容易理解的"故事＋对比＋生活类比"的形式，只需 5 分钟就能解决传统方法中"依赖教师知识储备"和"查资料耗时"的痛点。

二、长难句解析

英语中长句和从句结构较多，且其句式（如被动语态、倒装句）与中文存在较大差异，导致孩子在阅读过程中难以迅速把握句子主干并厘清逻辑关系，进而无法准确理解句子含义，最终影响对文章整体意思的理解。

英语长难句分析的核心在于**分层次拆解句子结构，既要抓住主干，又要识别修饰成分和特殊句式**。抓主干就是找到"主＋谓＋宾 / 表"，以及句子的核心动作或状态。修饰成分包括定语 / 状语 / 同位语（比如形容词、介词短语、定语从句等），是对主干信息的补充说明。特殊句式包括倒装句、被动句、强调句、虚拟语气等，更复杂的还有名词性从句、独立主格结构等。

我相信，光听完这些，就已经让人晕头转向了。没错，传统课堂上老师确实是这样教我们分析的，但说实话，我最开始学的时候也完全没搞明白。虽然老师把规则讲得很清楚，但真正掌握长难句分析，光听理论远远不够，关键要靠不断地尝试和练习。这个时候，AI 就可以帮我们了。

我以我女儿在学习 KET 级别的英语时遇到的长难句为例，来给大家直观展示 Kimi 是如何通过智能解析帮助孩子突破学习瓶颈的。

首先，可以把长难句直接输入（或通过拍照上传）到 Kimi 中：

That sex ratio will be favored which maximizes the number of descendants an individual will have and hence the number of gene copies transmitted.

然后，输入以下提示词："请你从主干成分（主＋谓＋宾／表）、修饰成分（定语／状语／同位语）、特殊句式（倒装句／被动句／强调句／虚拟语气）和复杂结构（从句／并列／独立主格）几个方面，按照锁定主干、剥离修饰成分和还原特殊句式的几个步骤，帮我拆解一下这句话。"

下面是 Kimi 的回答。

句子拆解分析

原句：

That sex ratio will be favored which maximizes the number of descendants an individual will have and hence the number of gene copies transmitted.

1. 锁定主干

主干是句子的核心部分，通常由主语、谓语和宾语 / 表语构成。

- 主语：That sex ratio
- 谓语：will be favored
- 宾语 / 表语：没有明确的宾语，因为 "will be favored" 是一个不及物动词短语，表示 "被青睐" 或 "被选择"。

主干可以简化为：

That sex ratio will be favored.

2. 剥离修饰成分

修饰成分包括定语、状语、同位语等，用来补充说明主干。

- 定语从句：which maximizes the number of descendants an individual will have and hence the number of gene copies transmitted
  - 关系词：which（指代先行词 "That sex ratio"）
  - 从句主干：which maximizes the number of descendants and the number of gene copies transmitted
  - 修饰成分：
    - 定语：an individual will have（修饰 "descendants"）
    - 状语：hence（表示结果，修饰整个从句）
- 状语：hence（表示结果，连接从句中的两个并列部分）

3. 还原特殊句式

这句话没有使用倒装句、被动句、强调句或虚拟语气等特殊句式，但包含一个定语从句和并列结构。

- 定语从句：which maximizes...
  - 还原为简单句：That sex ratio maximizes the number of descendants an individual will have and the number of gene copies transmitted.
- 并列结构：the number of descendants...and the number of gene copies transmitted
  - 还原为两个独立句子：
    ① That sex ratio maximizes the number of descendants an individual will have.
    ② That sex ratio maximizes the number of gene copies transmitted.

4. 句子逻辑关系总结

- 主句：That sex ratio will be favored.
- 定语从句：which maximizes...
  - 说明"为什么这种性别比例会被青睐"，即因为它能最大化后代数量和基因传递数量。
- 并列结构：descendants 和 gene copies 是并列的宾语，表示两种结果。
- 状语：hence 表示因果关系，强调"后代数量"和"基因传递数量"之间的逻辑。

5. 简化后的句子

That sex ratio will be favored because it maximizes the number of descendants an individual will have and, as a result, the number of gene copies transmitted.

6. 总结

这句话的复杂性主要来源于定语从句和并列结构。通过锁定主干、剥离修饰成分和还原特殊句式，可以清晰地理解句子的逻辑关系。

- **核心意思**：性别比例会被青睐，因为它能最大化后代数量和基因传递数量。
- **修饰细节**：通过定语从句补充说明"为什么会被青睐"，并通过并列结构强调两种结果。

Kimi 表现得非常棒，它不仅按锁定主干、剥离修饰成分、还原特殊句式等步骤对句子进行了拆解，而且总结了句子的逻辑关系，并写出了简化后的句子。最后，Kimi 还对如何分析这句话进行了总结。总之，孩子们能从 Kimi 给出的答案中学到非常多的东西。

三、语法学习

孩子们在学习语文时，由于是母语环境，语法往往会被淡化，甚至很少涉及。然而，当转向英语学习时，语法成了不可或缺的一部分。为了掌握准确的表达，孩子们必须面对复杂的语法规则，包括时态、语态、从句、虚拟语气等。在选择题和完形填空题中，时态和语态的错误选择常常导致丢分；而在阅读理解题中，如果无法准确把握时态和语态，那么事件的时间顺序和因果关系可能就会变得模糊不清，从而进一步影响对文章整体逻辑的把握。

　　传统的语法学习往往停留在老师单向讲解、学生机械背诵时态公式和语法规则的层面，这种脱离语境的抽象教学常让孩子感到枯燥难懂。而 AI 技术可以通过游戏化设计，将语法规则转化为互动挑战，让学习过程充满趣味。

　　举例来说，很多同学在时态学习上存在混淆问题，这时我们就可以采用"一镜到底"的方式，用同一个场景让他们体会不同时态的不同含义。我们可以这样对 Kimi 说："请把'我吃早餐'用不同的英语时态表述一遍，并分别解释为什么这样写，这样写代表了我吃早餐怎样的状态。"

　　大家来看一下 Kimi 的回答。

以下是"我吃早餐"用不同英语时态表述的方式，并对每种时态的用法和意义进行了解释。

1. 一般现在时（Simple Present Tense）

句子：I eat breakfast.

解释：一般现在时用于描述习惯性、经常性或普遍性的动作。这里表示"我吃早餐"是一个日常习惯或规律性的行为，比如每天早晨都会吃早餐。

2. 一般过去时（Simple Past Tense）

句子：I ate breakfast.

解释：一般过去时表示在过去某个具体时间点发生的动作或状态。这里表示"我吃早餐"这个动作已经完成，发生在过去某个时间点。

3. 一般将来时（Simple Future Tense）

句子：I will eat breakfast.

解释：一般将来时表示将来某个时间点将要发生的动作或状态。这里表示"我吃早餐"是计划或预期在未来发生的动作。

4. 现在进行时（Present Continuous Tense）

句子：I am eating breakfast.

解释：现在进行时表示说话时正在进行的动作。这里表示"我吃早餐"这个动作正在发生，强调动作的进行状态。

5. 过去进行时（Past Continuous Tense）

句子：I was eating breakfast.

解释：过去进行时表示过去某个时间点正在进行的动作。这里表示"我吃早餐"这个动作在过去某个时间点正在进行。

6. 将来进行时（Future Continuous Tense）

句子：I will be eating breakfast.

解释：将来进行时表示将来某个时间点正在进行的动作。这里表示"我吃早餐"这个动作将在未来某个时间点正在进行。

7. 现在完成时（Present Perfect Tense）

句子：I have eaten breakfast.

解释：现在完成时表示过去发生的动作对现在仍有影响或结果。这里表示"我吃早餐"这个动作已经完成，强调结果（比如"我已经吃过了"）。

8. 过去完成时（Past Perfect Tense）

句子：I had eaten breakfast.

解释：过去完成时表示在过去某个时间点之前已经完成的动作。这里表示"我吃早餐"这个动作在过去某个时间点之前已经完成。

9. 将来完成时（Future Perfect Tense）

句子： I will have eaten breakfast.

解释： 将来完成时表示在未来某个时间点之前将完成的动作。这里表示"我吃早餐"这个动作将在未来某个时间点之前完成。

10. 现在完成进行时（Present Perfect Continuous Tense）

句子： I have been eating breakfast.

解释： 现在完成进行时表示从过去某个时间点开始，一直持续到现在的动作，且动作可能仍在进行。这里表示"我吃早餐"这个动作从过去开始，持续到现在，可能还在进行。

11. 过去完成进行时（Past Perfect Continuous Tense）

句子： I had been eating breakfast.

解释： 过去完成进行时表示从过去某个时间点开始，持续到另一个过去时间点的动作。这里表示"我吃早餐"这个动作从过去某个时间点开始，持续到另一个过去时间点。

12. 将来完成进行时（Future Perfect Continuous Tense）

句子： I will have been eating breakfast.

解释： 将来完成进行时表示从现在开始，持续到未来某个时间点的动作。这里表示"我吃早餐"这个动作将从现在开始，持续到未来某个时间点。

　　令人惊喜的是，Kimi 居然为我列出了 12 种常用的时态，并分别介绍了不同时态下的用法和含义。通过这些时态的表述，可以让孩子体会到"我吃早餐"这一基础句型在不同时间点或情境下的状态和意义，进而培养他们的时态敏感度，提升其根据具体语境准确选用时态的能力。

除此之外，我们还可以让 Kimi 帮孩子生成针对性练习：将主动句改写为被动句的句式转换训练；用 when、that 等关系代词填空的定语从句专项训练；虚拟语气的情景造句游戏；混合不同时态的单项选择题。具体的操作方法，这里不再赘述，大家可以自行尝试。

四、生成高质量个性化范文

在英语学习的"听说读写"四大板块中，"写"常常是学生最为头疼的薄弱环节。他们往往会陷入三重困境：其一，逻辑结构混乱；其二，写作素材匮乏；其三，即便想出一些素材，也不会用地道的表达方式呈现出来。于是，很多人只能死记硬背范文：套用逻辑连接词（如 Firstly, Secondly, Finally）或万能句子（如 Every coin has two sides），甚至直接照搬范文的素材。按照这种方式写出来的英文作文千篇一律、形式单一。下面我们来看看 AI 如何帮助孩子构建高质量的个性化作文。

1. 让 AI 帮忙搭建文章结构

小学生写中文作文时，往往以记叙文为主，其行文逻辑多通过场景描写的自然铺展来呈现，起承转合之间更注重情感的层层递进，而非机械地套用分段模板。例如，一个典型的写作脉络可能是：窗台上的绿萝又抽新芽了（起）→ 想起三年前它病蔫蔫的样子（承）

→ 我每日松土、浇水（转）→ 原来生命需要耐心守护（合）。中文作文的逻辑是隐含在文章的表达中的。

英文作文则与中文作文不同，其逻辑必须明确地展示出来。在结构层面，常采用"总 - 分 - 总"三段式框架；在逻辑层面，必须用连接词（however/therefore）或句型结构（not only...but also）明确展示因果关系、对比关系等。然而，对孩子们来说，这些要求他们往往很不熟悉，写作时容易写成流水账，单纯罗列事件，而忽略了逻辑连贯性。所以，我建议，当孩子刚刚开启英文作文写作之旅，尚处于对写作方法和技巧较为陌生、面对题目常常不知从何下笔的初级阶段时，不妨巧妙地借助 AI 这一工具来助力搭建文章结构，帮助生成清晰合理的大纲。等孩子逐步掌握基本结构后，便可以学着自己列大纲。那如何让 AI 帮忙呢？

假如我们要写一篇名为"Should Students Wear School Uniforms?"的作文，那么你就可以这样对 Kimi 说："我是一名四年级的小学生，要写一篇英文作文，题目是'Should Students Wear School Uniforms?'你能帮我列出一个比较详细的写作提纲吗？"

下面是 Kimi 的回答。

当然可以！以下是一个关于"Should Students Wear School Uniforms?"（学生是否应该穿校服？）的详细写作提纲，适合四年级小学生使用。这个提纲会帮助你组织思路，写出一篇有条理的作文。

作文标题

Should Students Wear School Uniforms?

1. 引言（Introduction）

- **开头**：简单介绍学校校服的话题。

  - 例如：In our school, we have to wear uniforms every day. But some students like it, and some don't. Let's talk about the good and bad points of wearing school uniforms.

- **提出问题**：明确文章要讨论的问题。

  - 例如：Should students wear school uniforms? There are different opinions about this.

2. 正方观点（Pros of Wearing School Uniforms）

(1) 统一形象，增强归属感

- **解释**：校服让所有学生从外表上看起来一样，使整个校园宛如一个和谐友爱的大家庭。

  - 例如：When we all wear the same uniform, we look like a big family. It makes us feel like we belong to the same group.

- **举例**：运动会上，穿校服让我们更有团队精神。

  - 例如：During the school sports day, wearing uniforms makes us feel like a team. We cheer for each other and work together.

(2) 节省时间和金钱

- **解释**：如果穿校服，那么就不用每天早上花时间选衣服。

  - 例如：If we wear uniforms, we don't have to spend time choosing what to wear every morning. It saves a lot of time.

- **举例**：父母也不用给我们买很多衣服，可以帮助他们省钱。

  - 例如：Parents don't need to buy lots of different clothes for us. It helps them save money.

(3) 减少攀比
- **解释**：没有校服，有些同学可能会互相攀比谁的衣服更时尚、更昂贵。
  - 例如：Without uniforms, some students might compare who has better clothes. This can make others feel bad.
- **举例**：校服让大家穿着统一，没有人会因衣着问题而被嘲笑或受欺凌。
  - 例如：When we all wear uniforms, everyone looks the same. No one will be bullied because of their clothes.

3. 反方观点（Cons of Wearing School Uniforms）

(1) 限制个性
- **解释**：每个人都想展示自己的个性，但校服限制了这一点。
  - 例如：Everyone wants to show their own style, but uniforms stop us from doing that.
- **举例**：不能穿自己喜欢的衣服，感觉不自由。
  - 例如：We can't wear the clothes we like, and that makes us feel less free.

(2) 校服可能不舒服
- **解释**：有些校服可能穿起来不太舒服，特别是天气热的时候。
  - 例如：Some uniforms are not very comfortable to wear, especially when it's hot.
- **举例**：夏天穿校服可能会流很多汗。
  - 例如：In summer, we might sweat a lot in our uniforms.

(3) 校服可能不美观
- **解释**：有些校服设计得不好看，学生不喜欢。
  - 例如：Some uniforms don't look very nice, and students don't like them.

- **举例**：如果校服颜色不好看，大家就都不愿意穿。
  - 例如：If the uniform color is not pretty, no one wants to wear it.

4. 总结（Conclusion）

- **总结观点**：回顾正反两方的观点。
  - 例如：We talked about the good and bad points of wearing school uniforms. Some people think uniforms are good for many reasons, but others don't like them.
- **表达自己的看法**：你可以写自己支持哪一方，或者认为应该折中。
  - 例如：I think wearing school uniforms is good because it helps us feel like a team and saves time. But maybe we can have some special days when we can wear our own clothes to show our style.

5. 结尾（Ending）

- **呼吁**：鼓励大家多讨论这个问题。
  - 例如：What do you think about wearing school uniforms? Let's talk about it and find the best way for everyone.

希望这个提纲能帮助你写出一篇很棒的作文！你可以根据自己的想法补充更多细节哦！

这个提纲让孩子非常直观地看到了文章的总－分－总结构。同时，在论证过程中，该提纲采用正反双向论述的方式，以帮助孩子掌握英文作文的基本写作方法。

2. 让 AI 启发写作素材和灵感

英语写作需要积累句型和表达方式，而小学生在英语学习中素材积累不足，写作时容易陷入"无话可说"的困境。这时就可以让 AI 出手，帮孩子想想素材。

以"A Meaningful Trip"这篇文章为例，你可以这样对 Kimi 说："我是一名四年级的小学生，需要写一篇题为'A Meaningful Trip'的文章，但不知道该怎么写，请你用 5W1H 法提示我一下，帮我扩充细节、找找灵感。"

下面是 Kimi 输出的示例。

好的！让我用 5W1H 法来帮你构思一篇关于"A Meaningful Trip"的文章。按照这个方法，你可以从以下几个问题入手，逐步扩充细节。

1. Who（谁）
   - 谁和你一起去的？
     ◦ 是家人、朋友，还是同学？
     ◦ 例如：我和爸爸妈妈（爷爷奶奶、同学）一起参加了一个活动。

2. What（做了什么）
   - 你们在旅行中做了什么？
     ◦ 例如：参观了博物馆、农场，或者帮助了别人。
     ◦ 如果是帮助别人，那么可以这样写：我们去社区帮助老人打扫房间，或者我们去孤儿院给小朋友讲故事。

3. When（什么时候）
   - 旅行是什么时候发生的？

○ 例如：上个月、去年暑假，或者某个特别的日子（如国庆节）。

4. Where（去哪里了）

• 你们去了哪里？

○ 例如：农场、博物馆、村庄、公园等。

○ 如果是帮助别人，那么可以这样写：我们去了社区中心，或者我们去了一个孤儿院。

5. Why（为什么有意义）

• 为什么这次旅行对你来说是"有意义"的？

○ 例如：

▪ 你学到了新知识（比如在博物馆看到了恐龙化石）；

▪ 你帮助了别人，感到很开心；

▪ 你交到了新朋友，或者发现了大自然的美丽。

6. How（感受如何）

• 你在旅行中的感受是什么？

○ 例如：感到很开心、很感动，或者学到了很多东西。

○ 你可以这样写：我感到很自豪，因为我帮助了别人；或者我觉得这次旅行很特别，因为我看到了很多有趣的东西。

以下是示例文章（用 5W1H 扩充细节）：

A Meaningful Trip

Last month, I went on a meaningful trip with my family to a farm near our city. We visited the farm early in the morning. The farm was very big, and there were many animals like cows, chickens, and sheep. My dad helped the farmer feed the chickens, and I helped collect eggs from the henhouse. My mom talked to the farmer and learned how to grow vegetables.

This trip was meaningful because I learned a lot about where our food comes from. I also felt happy to help the farmer. My family and I had a great time together. I hope I can go back to the farm again someday.

这次旅行对我来说很有意义，因为它让我学到了新知识，也让我感到帮助别人是一件快乐的事情。

希望这个例子能帮你找到灵感。你可以根据自己的经历调整内容，加油！

Kimi 就像一位循循善诱的老师，用 5W1H 法为孩子们梳理思路、点燃灵感。它不仅帮助孩子们将模糊的想法拆解成清晰的六块"思维拼图"，还引导他们像搭积木一样轻松地将这些要素组合成完整的故事框架。其实，生活本身就是最动人的素材库。

3. 让 AI 帮忙润色文章

孩子们在英语写作中常常会遇到表达不够规范的问题，甚至有时受中文思维影响，直接逐字翻译句子，比如将"好好学习天天向上"直接翻译为"good good study day day up"。而我们做父母的，虽然想帮忙，但往往自己的英语也不够地道流畅，很难给出专业的修改建议。这个时候，Kimi 的润色功能就能派上用场了。下页图是我女儿写的一篇英文作文，我们以此为例，一起来看看怎么用 Kimi 修改英文作文中不规范的表达。

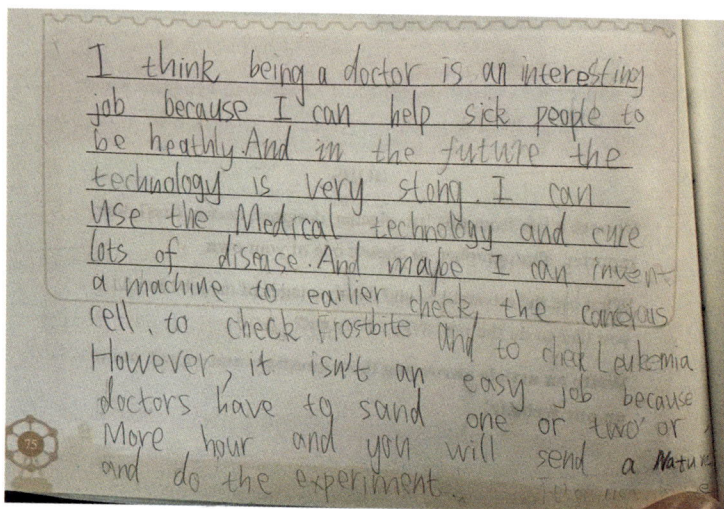

I think being a doctor is an interesting job because I can help sick people to be heathly. And in the future the technology is very stong. I can use the Medical technology and cure lots of disease. And maybe I can invent a machine to earlier check the cancerous cell, to check Frostbite And to check Leukemia However, it isn't an easy job because doctors have to sand one or two or More hour and you will send a Nature and do the experiment.

虽然我女儿这篇文章的语法和表达都还有很大进步空间，但敢于动笔就已经迈出了重要的一步。作为家长，我们要多鼓励孩子，只有先大胆写出来，才能在不断的练习中提升英语写作能力。况且现在有了 AI，我们可以让它帮忙修改、完善。

我们可以这样和 Kimi 沟通："（先上传图片）我是一名四年级的小学生，这是我的英文作文，请你帮我润色一下，并按小学生的词汇量进行修改，然后再以列表的形式指出你修改了哪里以及是如何修改的。"

下面是 Kimi 给出的回答。

好的！以下是润色后的作文，我尽量用四年级小学生的词汇量和表达方式修改了内容，并列出了修改的地方和原因。

润色后的作文：

I think being a doctor is a great job because I can help sick people get healthy. In the future, technology will be very strong. I can use medical technology to cure lots of diseases. Maybe I can invent a machine to check cancer cells earlier, help find frostbite, and find leukemia. However, being a doctor isn't easy because doctors have to spend one or two hours or more doing experiments and sending nature reports.

修改的地方和原因：

1. **原句：** "I think being a doctor is an interesting job"

   修改为： "I think being a doctor is a great job"

   原因： "great" 比 "interesting" 更能表达对医生职业的向往，更符合小学生的语气。

2. **原句：** "help sick people to be heathly"

   修改为： "help sick people get healthy"

   原因： "heathly" 拼写错误，应为 "healthy"。同时，"get healthy" 更符合小学生的表达习惯。

3. **原句：** "the technology is very stong"

   修改为： "technology will be very strong"

   原因： "stong" 拼写错误，应为 "strong"。同时，加上 "will be" 更符合描述未来的语气。

4. **原句：** "cure lots of disease"

   修改为： "cure lots of diseases"

   原因： "disease" 需要用复数形式 "diseases"。

5. **原句：** "invent a machine to earlier check the cancerous cell"

   修改为： "invent a machine to check cancer cells earlier"

   原因： "earlier check" 语法不正确，调整为 "check ... earlier" 更自然。

6. 原句："to check Frostbite and to check Leukemia"

   修改为："help find frostbite and find leukemia"

   原因："check"重复使用显得单调，改为"help find"更符合小学生的表达。

7. 原句："doctors have to sand one or two or More hour"

   修改为："doctors have to spend one or two hours or more"

   原因："sand"拼写错误，应为"spend"。同时，"More hour"语法错误，改为"hours or more"更准确。

8. 原句："you will send a Nature and do the experiment"

   修改为："doing experiments and sending nature reports"

   原因："send a Nature"表达不清楚，推测是"send nature reports"。同时，"do the experiment"改为"doing experiments"更符合语法。

希望润色后的作文更清晰、流畅，同时保留了你的原意。如果还有其他需要修改的地方，随时告诉我哦！

　　看完 Kimi 修改后的作文，我顿感心旷神怡，长久以来辅导孩子英文作文的困扰终于迎刃而解。大家看，通过"搭建结构 + 启发灵感 + 润色文章"的方式，AI 已不再是提供标准答案的机器，而是扮演"思维教练"的角色：它既能用结构化工具对抗中式流水账，又能通过个性化提问激活真实表达，最终让学生建立"用英语思考"的底层能力，摆脱简单套用模板的局限，真正实现英语写作水平的本质提升。

　　本章全面且深入地阐述了如何利用 Kimi 这一智能工具，切实有效地帮助孩子提升英语读写能力。大家可以多加练习，助力孩子解决英语学习中的诸多难题。

第 7 章

孩子写得慢, 如何用 AI 辅导写作文

Kimi × 富兰克林写作法

不是用 AI 来写作文,
而是让 AI 教学生写作文

——— 本章提要 ———

- 写提纲、想素材——让 Kimi 给出启发

- 打草稿——把文章说出来，让 Get 笔记帮孩子提速并去口语化

- 改文章——用 Kimi 1.5 长推理版帮孩子检查和润色

- 学习如何修改——认真查看 Kimi 的思考和修改原因

孩子的作文写作问题，已成为当下众多家长共同的教育痛点。究其原因，主要有以下几点。第一，孩子在写作文时往往缺乏逻辑性，导致文章结构杂乱无章。第二，孩子的写作素材普遍匮乏，致使文章内容空洞，不够生动有趣。第三，孩子在写作文时要打草稿，但他们的写字速度往往较慢，一篇 800 字的文章，从打草稿到修改完善再到誊写工整，往往需要耗费大半天时光，导致写作效率极低。第四，即便孩子勉强完成了一篇作文，但到写下一篇时依旧无从下手，难以形成系统有效的写作方法和策略。面对这些难题，孩子们在写作时充满畏难情绪，而家长们在辅导过程中倍感焦虑，也仿佛被一堵难以逾越的"写作高墙"挡住了去路。

不过，现在有了 AI，这些问题就可以迎刃而解了。让我们一起来看看。

这里我们要用到的工具是 Kimi 和 Get 笔记。

作为一款革命性的 AI 智能写作辅导工具，Kimi 凭借其强大的自然语言处理能力，不仅能够迅速且精准地指出孩子作文中的语法错误和错别字，还能深入分析句子结构和逻辑连贯性。通过其独特的润色指令，Kimi 能够显著提升作文的表达质量，让文章更加生动、流畅。

Get 笔记是"得到"团队推出的一款功能强大且完全免费的 AI 笔记应用。它支持多种记录方式，以 AI 语音记录功能为例，你只需把想法说出来，AI 就能迅速将其转换成文字，大大节省了孩子手写草稿的时间。Get 笔记在手机 App、网页版以及微信小程序上都能使用，并且数据能够实时同步，方便我们随时随地进行记录和查看。Get 笔记无疑是数字化时代知识管理的好帮手。

针对家长在辅导孩子写作文时面临的痛点，Kimi 和 Get 笔记这两款工具能够发挥出色的助力作用。在写提纲、想素材阶段，Kimi 可以凭借其智能的启发引导功能，帮孩子梳理逻辑、丰富内容；在打草稿阶段，孩子只需将脑海中构思的文章口头表述出来，Get 笔记就能迅速将其转化为文字，不仅大大提高了写作的速度，还能有效去除口语化表述；在修改文章阶段，Kimi 1.5 的长推理功能则会大显身手，它会仔细检查文章中的各种问题，并进行精心润色，让文章更出彩。与此同时，孩子还可以充分利用这一过程，深入学习修改方法，认真查看 Kimi 的思考过程以及每一次修改背后的详细原因，从中汲取经验，不断积累，进而逐步提升自己的写作能力。

一、写提纲、想素材——让 Kimi 给出启发

孩子在面对作文题目时，往往会感到无从下手。例如，当遇到"我的梦想"这样的题目时，家长即使费尽心思，可能也难以引导孩子挖掘出独特而深刻的思路。因此，孩子可能会简单地写下"我想当医生，因为医生可以救死扶伤"，然而，在此基础上他们往往难以进一步拓展内容。由于缺乏系统的思考和规划，孩子倾向于想到什么就写什么，使得文章零散、跳跃，缺乏清晰的逻辑结构。另外，

孩子的生活经历相对有限，这使得他们很难积累丰富的写作素材。家长可能也同样陷入困境，难以提供既合适又有趣的素材来丰富孩子的写作内容。例如，在写"难忘的一天"时，孩子可能只会想到一些日常且平凡的事情（比如"今天我去超市买东西了"），而难以挖掘出更有趣、更有意义的精彩素材。

这个时候，就可以请 AI 来帮忙。下面我以我女儿最近写的作文《我的乐园》为例，来给大家详细讲解一下。针对"我的乐园"这个作文题目，女儿首先根据老师的要求，列了一个大致的提纲，这个提纲可能略显简单粗糙，如下图所示。

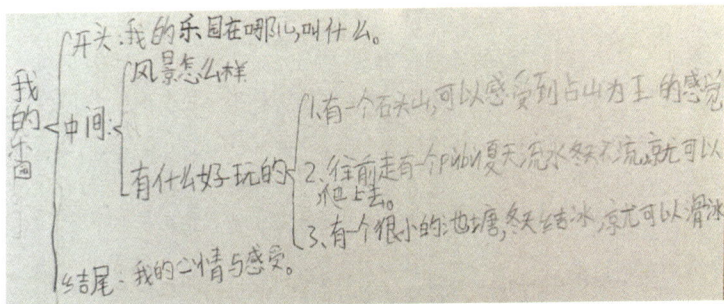

我首先把这个提纲拍了下来，然后上传给 Kimi（注意这里最好直接打开 Kimi 1.5。至于为什么要用 Kimi 1.5，稍后我会解释）。之后我在对话框中输入："这是我上小学四年级的女儿列的作文提纲，你有什么建议吗？"

接下来，你会惊奇地发现，它开始像人类一样进行思考了！这正是 Kimi 1.5 长推理版与普通 Kimi 之间的显著区别。正如丹尼尔·卡尼曼在《思考，快与慢》中所提出的系统一和系统二理论：系统一代表着人类基于直觉的快速思考与决策，不带推理版的 Kimi 就类似于这种直觉型的系统一；而系统二依靠理性分析来进行深度思考，Kimi 1.5 长推理版就相当于人脑中负责理性思维的系统二。以下是它的思考内容。

我先仔细看看这个提纲。嗯，开头是"我的乐园在哪儿，叫什么"，中间部分分为"风景怎么样"和"有什么好玩的"，最后结尾是"我的心情与感受"。看起来结构挺清晰的，孩子已经把文章的基本框架搭好了。不过，我觉得可以再深入挖掘一下，让内容更丰富、更有层次感。

首先，开头部分"我的乐园在哪儿，叫什么"，这个可以稍微具体一点儿。例如，乐园是家里的一个小角落，还是学校里的某个地方，或是郊外的一片草地？如果能加一些具体的描述，比如"我的乐园在小区后面的小山坡上，那里有一片茂密的竹林，我叫它'竹林乐园'"，这样读者就能更直观地感受到乐园的位置和特点。

然后是"风景怎么样"，这里可以再细化一下。例如，除了石头山、瀑布和池塘，还可以写写四季的变化。春天的时候，石头山上是不是开满了野花？夏天在瀑布下玩耍是不是特别凉快？秋天池塘边是不是有金黄的落叶？冬天池塘结冰后，是不是特别适合滑冰？这样写出来，风景就会更加生动，读者也能感受到乐园的不同魅力。

接着是"有什么好玩的"，这个部分可以再具体一点儿。例如，爬石头山的时候，是不是可以想象自己是个小探险家？在瀑布下玩耍的时候，是不是可以写写捉小鱼、螃蟹的经历？池塘结冰后滑冰，是不是可以写写摔倒了又爬起来的趣事？这样写出来，文章就会更有故事性，也更能吸引读者。

最后是"我的心情与感受"，这个部分可以再深入一点儿。例如，乐园对你来说意味着什么？是逃避烦恼的地方，还是和朋友一起玩耍的地方？在乐园里，你是不是感到特别自由、快乐？或者，乐园是不是让你学会了勇敢、探索？可以将这些感受更具体地写出来，让读者体会到你对乐园的深厚感情。

嗯，我觉得这样修改后，文章会更加生动、有趣，也能更好地表达孩子的内心感受。希望这些建议能帮到你！

　　它给出的建议十分中肯。在开头的地方，巧妙地引导孩子补充地点，并增加对于心情与感受的描述；在"风景怎么样"部分，从春夏秋冬四季的角度进行描写，使得风景更加生动；在"有什么好玩的"部分，Kimi 提供了丰富的例子和提示，告诉孩子从哪些方面思考会更具故事性，更能吸引读者的眼球；在结尾部分，它提醒孩子可以把感受和心情升华一下，比如乐园对孩子意味着什么等。

　　思考完毕后，Kimi 整理了语言，并输出了如下条理清晰的文字。

这个提纲写得很清楚，结构也很完整。以下是一些建议，希望能帮助孩子进一步完善内容。

开头部分

- **具体化地点**：可以稍微描述一下乐园的具体位置，比如是在家附近、公园里还是某个特别的地方，这样能让读者更有画面感。

- **增加情感**：提到乐园的名字时，可以加一些对这个地方的感情，比如"我的乐园叫'小花园'，那里是我最快乐的地方"。

中间部分

- **风景描写**：
  - 丰富细节：除了石头山，可以再补充一些其他自然元素，比如树木、花草等，并描述它们的颜色、形状等。
  - 感官描写：加入声音、气味等感官体验，比如"风吹过树叶沙沙作响""花香扑鼻而来"。
- **好玩的地方**：
  - 增加活动细节：对于每个好玩的地方，可以写一些具体的活动，比如在石头山上有没有和朋友比赛爬山，在瀑布下的小水潭里有没有捉过小鱼。
  - 加入故事：可以写一些在这些地方发生的小故事，比如在池塘滑冰时摔倒了但觉得很有趣。

结尾部分

- **总结感受**：可以写写这个地方对你的重要性，比如"我的乐园让我感受到大自然的美好，也让我拥有了许多快乐的回忆"。
- **展望未来**：可以写写希望以后还能继续去这个地方，或者希望和谁一起去。

总体来说，这个提纲已经很不错了，只需要在细节和情感上再丰富一些，就能写出一篇生动有趣的文章。

  我觉得现在的 AI 真的非常厉害，它们都拥有高智能。所谓高智能，就是能够一步步地思考，能够拆解步骤，做事情有章法，并且还能用最通俗易懂的语言说给你听。我让女儿看了 Kimi 的思考过程和给出的建议，最终她用红笔将提纲修改成了下图的样子。

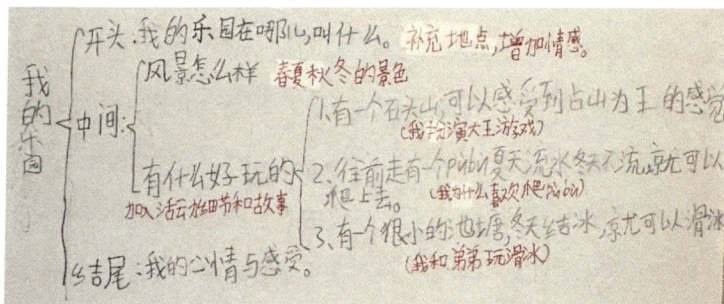

二、打草稿——把文章说出来，让 Get 笔记帮孩子提速并去口语化

提纲列好后，就该打草稿了。这时孩子们需要直面一个现实问题——写字速度偏慢。这一慢，诸多问题便纷至沓来：打一遍草稿已然耗费了不少时间，后面还得誊抄一遍，整个过程显得拖沓冗长。孩子往往写得手酸眼累，还容易因耗时过长而心生烦躁，写作积极性也随之大打折扣。这种低下的效率，不仅使孩子的写作进程受阻，也让家长在一旁干着急，俨然成了写作路上的一大"拦路虎"。

这时候我们就可以请 Get 笔记来帮忙。Get 笔记能轻松帮孩子解决打草稿的问题，我亲自陪孩子使用后发现，它确实非常好用，而且操作特别简单。那具体怎么操作呢？

我用的是手机版 App。首先，打开 Get 笔记，直接点击"录音"，让孩子根据提纲说出他要写的内容。随后，Get 笔记会把孩子说话的音频即时转化为汉字文本。你可能会说："这有什么了不起的，很多软件都可以实现这个功能啊！"别急，我们来看一下 Get 笔记的独特之处：孩子说完后，会出现一个"AI 已完成指令"的对话框，里面详细列出了它帮你修改的内容。它会智能剔除孩子口中的嗯嗯啊啊之类的口水话，使得文本更加简洁。更重要的是，它能自动纠正孩子说得不够清晰或错误的地方。我曾经测试过，比如"DeepSeek"这个词，在其他软件里经常被错误地转录成"deep sick"或"deeseek"，但 Get 笔记的智能纠错功能非常精准，几乎不会出现这种低级错误。以下是 Get 笔记润色完的原文。

原文

北京西山——我的乐园

我的乐园位于北京郊区的西山。每个季节来到这里，都能邂逅独特的风景，体验别样的玩法。下面，就让我为你细细道来。

西山好玩的地方可多啦，有假山、湖和池塘。每个季节都有专属的趣事。这里四季风景各异，美不胜收。春天，嫩芽初萌，处处春意盎然；夏天，绿树成荫，枝叶繁茂；秋天，风景如画，真可谓"霜叶红于二月花"；冬天，小池塘结了冰，我们可以在上面尽情玩耍。要是下了雪，还能打雪仗呢！

不过，西山最有趣的当数刚进门不远处的石头山。山上有个地方特别像宝座，仿佛是妖怪们占山为王的象征。我常常在小山上玩耍，把自己幻想成大王。宝座下方的平台，就是我的大臣的座位。沿着石头山往下走，能看到石凳，继续前行，就到了"吃饭和睡觉"的区域，也是"小妖怪"们生活的地方，左边是"餐厅"，右边则是我的"卧室"。在吃饭区域再往左一点儿，便是客人休息的地方。从这片区域继续往下走，就到了乐园的边缘。对"小妖怪"们而言，它们只能从左边的通道上来与"大王"交流，而"大王"可以自由选择从左右两边的通道，一路向上，经过吃饭和睡觉的区域，直至抵达那象征着权力的宝座。

除了在宝座附近转转，往前走还有一处结冰的小池子，冰层厚得惊人，我们一家 5 口站上去都稳稳当当。要是在宝座上坐久了觉得冷，我就会跑到这里尽情玩耍。下雪的时候，这里就成了欢乐的战场，我和弟弟在冰面上一边滑冰一边打雪仗，时不时还会摔个大屁墩儿，可即便如此，我们依旧玩得不亦乐乎。

再往前走，有一个壮观的大瀑布。不过，这个瀑布只有在夏天才会奔腾不息，冬天则会安静地停歇下来。瀑布旁边有一处可以攀爬的地方，沿着它不断向上，越爬越高，便能真切体会到杜甫笔下"会当凌绝顶，一览众山小"的豪迈意境。

西山，就是我心中那片美丽的乐园。它四季如画，玩法多样，每个季节都有着独一无二的魅力，让我深深眷恋。当你踏入那片地方时，心情会瞬间如春日暖阳下绽放的花朵般豁然开朗。

我是四年级小学生，这是我的作文，请帮我改一下。

孩子说完后，我们只需点击右上角的 3 个点，就能看到"编辑"选项和"复制"选项。如果想修改内容，那么可以直接在文本中调整；如果觉得内容还行，那么可以点击"复制"，然后打开 Kimi，将内容粘贴到 Kimi 的对话框里。接下来，我们来看如何用 Kimi 帮孩子检查和润色文章。

三、改文章——用 Kimi 1.5 长推理版帮孩子检查和润色

把孩子的文章粘贴到 Kimi 中后，我们希望它能够进行适度润色。但是，如果直接告诉 Kimi 帮忙修改作文，那么它改出来的文章就会像大人写的一样，比较成熟。所以，我们要用正确的提示词告诉 Kimi 如何修改。下面是我为它提供的一段提示词。

你好，我是一名四年级的小学生，这是我的作文，请你以小学语文老师的身份，按照小学作文的要求，帮我改一下：
(1) 以原文为基础，尽量保留我的原话；
(2) 梳理逻辑并优化结构，使其更加顺畅连贯；
(3) 将语句修改得更加通顺自然；
(4) 可以适当增加修辞手法等；
(5) 不要改变我的原本意思。

Kimi 马上开始了思考，它说："我先仔细读了一遍用户提供的作文内容，整体感觉这篇作文写得挺不错的。孩子能用比较生动的语言描述自己在西山乐园的所见所感，而且想象力也很丰富，比如把

自己幻想成大王那段就挺有趣的。不过，仔细琢磨一下，还是能发现一些可以优化的地方。"

Kimi 首先理解用户需求，然后从整体结构入手，在逻辑和语句上都做了修改，最后生成了以下这篇润色后的文章。

北京西山——我的乐园

我的乐园在哪儿呢？它就在北京郊区的西山。每个季节去那儿，都能碰到不一样的风景，玩出不一样的花样。接下来，就让我好好给你讲讲吧。

西山可好玩啦，有怪石嶙峋的假山、波光粼粼的湖和清澈见底的池塘。每个季节在这儿都能碰到专属的趣事，这儿四季的风景都不一样，美得让人移不开眼。春天一到，山间的嫩芽像绿色的音符，密密麻麻地蹦出来，到处都洋溢着春的气息；夏天，树木枝繁叶茂，像一把撑开的大绿伞，走在树荫下，别提多凉快了；秋天更美了，漫山遍野的枫叶红得像火，银杏叶黄得赛金，真应了那句"霜叶红于二月花"；冬天呢，小池塘结了厚厚的冰，我们能在上面尽情撒欢，要是下雪了，打雪仗可有意思啦！

不过，西山最让我觉得有趣的，还得数刚进门不远处的那座石头山。山上有一块大石头，形状特别像宝座，我每次看到它，脑子里就浮现出妖怪们占山为王的画面。我常常在这小山上玩，把自己当成大王，宝座下方的平台，就是我那些"大臣"们站的地方。沿着石头山往下走，能看到石凳，再往前走，就到了"吃饭和睡觉"的区域，这儿也是"小妖怪"们生活的地方，左边是热热闹闹的"餐厅"，右边是我安静的"卧室"。在吃饭区域再往左一点儿，就是客人休息的地方啦。从这片区域继续往下走，就到了乐园的边缘。对于"小妖怪"们来说，它们只能从左边的通道上来跟"大王"交流，而我这个"大王"呀，可以自由自在地选择从左边还是右边的通道往上爬，经过吃饭和睡觉的区域，最后登上那象征着权力的宝座。

除了在宝座附近玩，往前走还有一处结了冰的小池子，冰层厚实得很呢，我们一家 5 口站上去，它都稳稳当当的。要是我在宝座上坐久了觉得冷，就会跑到这儿来玩个痛快。下雪的时候，这儿简直就是欢乐的战场，我和弟弟在冰面上一边滑冰，一边打雪仗，有时候玩得太疯，还会摔个大屁墩儿，可我们一点儿都不在乎，还是玩得特别开心。

再往前走，有一个特别壮观的大瀑布。不过，这个瀑布可有点儿"脾气"，只有在夏天才会奔腾不息，发出震耳欲聋的声响，那气势，就像千军万马在冲锋；到了冬天，它就安静下来，像是睡着了一样。瀑布旁边有一处可以攀爬的地方，我沿着它不断往上越爬越高，当爬到高处，俯瞰整个西山时，心里就会涌起一种杜甫诗里写的"会当凌绝顶，一览众山小"的豪迈感觉。

西山，就是我心中那片无比美丽的乐园。它四季如画，玩法多种多样，每个季节都有独特的魅力，让我深深地眷恋着。每当你踏入这片神奇的土地时，心情就会一下子像春日暖阳下绽放的花朵一样，豁然开朗起来。

　　大家觉得 Kimi 的修改怎么样？还挺不错吧？不过，可千万别直接把这篇文章打印出来让孩子照抄。如果这样做，就白白浪费了一次特别好的学习机会。我们得让孩子借此机会，不但学会如何把文章写好，而且在未来遇到类似情况时，也能知道该怎么修改。只有真正掌握修改文章的方法和技巧，才能促使孩子在写作能力上持续进步与提升。

四、学习如何修改——认真查看 Kimi 的思考和修改原因

在 Kimi 对文章进行修改和润色之后，我们可以在对话框中继续输入："你能像一个作文辅导老师一样，告诉孩子你修改了什么地方，以及为什么这样做吗？"

这句话的"魔力"在于，它不仅让 Kimi 修改了文章，还引导它扮演起教师的角色，向孩子传授它的思考过程、修改方法以及背后的原理。

它一边思考，一边呈现出如下思考过程。

我先仔细琢磨了孩子这篇作文的整体情况，感觉文章内容挺丰富的，把西山的美景和玩耍的乐趣都写出来了，不过在逻辑、语句通顺度和表达上还有提升空间。

一开始，我思考怎么让文章逻辑更顺畅。孩子的原文是按照景点顺序来写的，但开头和结尾有点儿简单，缺乏吸引力。我就想着给开头加点儿引子，让读者更有兴趣往下读，结尾也得升华一下情感，让文章更有感染力。所以开头我加了"我的乐园在哪儿呢？它就在北京郊区的西山"，这样能直接引出主题，结尾则强调西山给"我"带来的快乐和眷恋，让文章情感更饱满。

接着，我琢磨语句通顺度。孩子有些句子有点儿绕，比如"宝座下方的平台，就是我的大臣的座位"，我琢磨着怎么让句子更简洁明了，就改成了"宝座下方的平台，就是我那些'大臣'们站的地方"，这样读起来更顺口。

在表达上，我觉得可以适当增加一些修辞手法，让文章更生动。例如，写春天的嫩芽，我用了"像绿色的音符"这样的比喻，让画面感更强。还有写秋天的枫叶和银杏叶，用"红得像火，黄得赛金"来形容，也更形象。

我还注意到孩子对"小妖怪"们的描写挺有趣的，但有点儿简单，我就想着怎么让这部分更丰富。我加了一些细节，比如"小妖怪"们只能从左边的通道上来，而"大王"可以自由选择通道，这样让"小妖怪"们的形象更立体。

最后，我检查了整篇文章，确保没有改变孩子的原意，只是在逻辑、语句和表达上做了优化。现在，我觉得这篇作文修改得差不多了，可以让孩子看看，希望他能喜欢这个版本。

思考完毕后，它告诉我："当然可以呀，下面我来给你讲讲我修改的地方和原因。"

这里我以作文的开头部分为例来向大家展示 Kimi 是如何进行修改的。它分别列出了原文、修改后的文章以及修改原因。

开头部分

- **原文**：我的乐园位于北京郊区的西山。每个季节来到这里，都能邂逅独特的风景，体验别样的玩法。下面，就让我为你细细道来。
- **修改后**：我的乐园在哪儿呢？它就在北京郊区的西山。每个季节去那儿，都能碰到不一样的风景，玩出不一样的花样，接下来，就让我好好给你讲讲吧。

- **修改原因**：首先，我在开头加了个问题"我的乐园在哪儿呢？"这样能一下抓住读者的好奇心，让读者更想往下看。然后，我把"邂逅独特的风景，体验别样的玩法"改成了更通俗易懂的"碰到不一样的风景，玩出不一样的花样"，这样读起来更符合大家平时说话的习惯，也更亲切自然。最后，我把"下面，就让我为你细细道来"改成了"接下来，就让我好好给你讲讲吧"，这是为了拉近和读者的距离，就像在跟好朋友聊天一样。

　　大家一定要注意，务必让孩子认真查看修改原因。在日常校园学习中，语文老师要面对众多学生，往往很难抽出时间，像 Kimi 这样耐心细致地针对每个孩子的文章，一句一句地进行详细修改。Kimi 的这种修改，就如同为孩子请了一个一对一的作文辅导老师。这样的机会非常难得，如果只是简单地让孩子照抄修改后的内容，那将是极大的教学浪费。我们要抓住这次机会，引导孩子仔细研究每一处修改，深刻理解为什么要这样改，从而让孩子真正掌握修改文章的方法和技巧。这样，在日后的写作过程中，他们就能自己动手，把文章改得越来越好。

　　其实，这种学习写作的方法，还有一个专有名称，叫作"富兰克林学习法"。富兰克林学习法是由美国著名作家、政治家本杰明·富兰克林提出的一种自学写作的方法。这种方法之所以有用，是因为它通过模仿和对比，使孩子能够发现自己的不足，从而有针对性地进行改进。同时，这种方法还能锻炼孩子的思维能力和语言表达能力，引导他们在写作过程中更加注重文章的结构和逻辑性。

通过本章的实践，我们看到 AI 工具正在重塑写作辅导的方式。Kimi 就像一位 24 小时在线的写作导师，以其系统化的思考方式引导孩子搭建逻辑框架；Get 笔记则化身思维捕捉器，让天马行空的创意不再被书写速度束缚。这种组合不仅解决了"写不出""写不好"的难题，更重要的是，它培养了孩子"发现问题–分析问题–解决问题"的元认知能力。当孩子亲眼见证自己的口语表达蜕变为精彩文章时，当他们通过 AI 的思考过程学会修改方法论时，这种成长远比完成一篇优秀作文更有价值。

建议家长每周陪孩子实践 1~2 次这样的 AI 写作流程，3 个月后你会惊喜地发现：孩子开始懂得用"观察–记录–润色"的思维模型自主写作，面对作文题时他们眼中不再是畏难与迷茫，而是充满自信与跃跃欲试的创作光芒。这种高效且实用的方法不仅在语文写作中大放异彩，而且适用于英语写作。同时，未来孩子在面临出国申请的文书写作时，这一方法也将成为他们的得力助手。在这个人机协同的全新时代，我们只有熟练掌握并善用工具，才能助力孩子更好地迎接未来。

第 8 章

无须死记硬背，如何用 AI 轻松背古文（诗）

豆包 × 多感官刺激法

让背诵不再是一件
让孩子头疼的事情

本章提要

- 用相声风格对古文进行趣味翻译
- 把古文画出来，把古诗唱出来
- 穿越千年，与李白进行对话
- 考和背相结合，记忆效果才能更好

　　孩子们在背诵课文时，常常会被几个难题深深困扰。首先，在古文背诵方面，由于存在理解断层，当他们遇到"之乎者也"这些词时，感觉就像在读天书一样，只能死记硬背，结果导致背了上句忘下句。其次，传统背诵方式太枯燥，很多孩子是靠机械记忆，因此在背诵过程中很容易走神。而且，即便好不容易背下来了，也可能因为缺乏有效的记忆巩固机制，第二天又忘记了，严重影响学习效果。最后，孩子们对于长篇课文普遍存在畏难心理，完全没有动力背下去，特别是当看到《出师表》这类篇幅较长、内容较为复杂的课文时，往往会直接打退堂鼓。他们会觉得课文太长、太难，凭借自己现有的知识储备和背诵方法完全无法应对这样的挑战。由于缺乏有效的攻克方法，导致他们很容易产生放弃背诵的念头。

　　接下来，我要教大家如何用豆包帮助孩子轻松背古文。实践证明，豆包在帮助孩子背诵方面就像一个智能小助手，能让记忆事半功倍。

　　下面我们一起来看看在帮助孩子背古文方面豆包到底能发挥怎样的作用。

一、结构拆解 + 趣味翻译：不是死记硬背，而是理解之记忆

　　针对古文学习，孩子们的难点通常就 3 个：读不懂、记不住、容易忘。而如今，AI 技术可以很好地解决这些问题。首先，让我们一起

来看第一个问题——孩子读不懂古文。这并非孩子自身能力的问题，而是没有找到合适的学习方法。试想一下，如果采用孩子熟悉的《熊出没》的叙述方式来讲解古文，是不是他们就能轻松接受了呢？

具体来说就是先用豆包智能地拆解文章的整体结构，讲出每段之间的逻辑关系。然后再对每段中的每一句进行详细的翻译，翻译时不要采用古板、生硬的传统方法，而是巧妙地运用孩子熟悉的《熊出没》等故事情节和人物来代入，赋予古文新的活力与趣味。同时，也可以让孩子用特定的语言风格进行逐句翻译，让古文学习充满欢声笑语，这样孩子理解起来就会变得更加轻松有趣，记忆也会更加快速深刻。

这里我们以人教版六年级语文下册课本中的《两小儿辩日》一文为例进行说明。

原文：孔子东游，见两小儿辩斗，问其故。一儿曰："我以日始出时去人近，而日中时远也。"一儿曰："我以日初出远，而日中时近也。"一儿曰："日初出大如车盖，及日中则如盘盂，此不为远者小而近者大乎？"一儿曰："日初出沧沧凉凉，及其日中如探汤，此不为近者热而远者凉乎？"孔子不能决也。两小儿笑曰："孰为汝多知乎？"

这篇古文中涉及一些古代天文知识和逻辑辩论，其蕴含的科学原理和思维方式对小学生来说具有一定认知难度。而且古文的语言表达方式与现代文不同，具有简洁、古朴、含蓄等特点，小学生背诵起来颇有难度。这时，我们就可以利用豆包来辅助我们背诵了。

可以像下面这样写提示语。

请把《两小儿辩日》按照故事发展的逻辑顺序，标出起承转合，并在每一部分中，先写出原文和意思，再用给孩子讲《熊出没》故事的方式解释逻辑关系，要求简单明了。

以下是豆包的回复。

起

- 原文：孔子东游，见两小儿辩斗，问其故。
- 翻译：孔子向东游历，看到两个小孩在争辩，便问他们争论的原因。
- 《熊出没》故事逻辑：小朋友们都知道，熊大、熊二和光头强总在森林里发生各种好玩的事儿。有一天，光头强像往常一样出门砍树，走着走着，就看到熊大与熊二正争论得不可开交，你一言我一语，谁也不服谁。光头强非常纳闷，心里想："这俩家伙又在搞啥名堂？"于是他凑过去问："熊大、熊二，你俩吵啥呢？"这就和孔子看到两小儿争辩，然后去问原因是一样的，都是在故事的开头引出了后面有趣的事儿。

承

- 原文：一儿曰："我以日始出时去人近，而日中时远也。日初出大如车盖，及日中则如盘盂，此不为远者小而近者大乎？"
- 翻译：一个小孩说："我认为太阳刚升起的时候离人近，而到中午的时候离人远。太阳刚升起时像车盖一样大，到了中午却像个盘子，这不是远的东西看起来小，而近的东西看起来大的道理吗？"

- 《熊出没》故事逻辑：熊大先开口了，它说："我觉得早上太阳离咱们可近啦，中午就离得远。你们看，早上太阳刚出来的时候，又大又圆，就像咱们睡觉的大树屋那么大。到了中午，太阳就变得小小的，跟光头强的小饭盒差不多大。肯定是离得近就大，离得远就小呀！"就像这个小孩用太阳大小的变化来说明远近，熊大也用很形象的东西来解释自己的想法。

- 原文：一儿曰："我以日初出远，而日中时近也。日初出沧沧凉凉，及其日中如探汤，此不为近者热而远者凉乎？"

- 翻译：另一个小孩说："我认为太阳刚升起的时候离人远，而到中午的时候离人近。太阳刚升起时有清凉的感觉，到了中午却热得像把手伸进热水里一样，这不是近的时候感觉热，而远的时候感觉凉的道理吗？"

- 《熊出没》故事逻辑：熊二听了，脑袋摇得像拨浪鼓，连忙说："不对不对，我觉得早上太阳离咱们远，中午才离得近。早上太阳照在身上，凉飕飕的，可舒服啦。中午呢，热得都能把鸡蛋烤熟，就像站在熊熊燃烧的大火堆旁边。这肯定是离得近就热，离得远就凉嘛！"熊二也像另一个小孩一样，用自己感受到的温度变化来表达不同的观点。

转

- 原文：孔子不能决也。

- 翻译：孔子听了之后，也不能判断他们俩谁对谁错。

- 《熊出没》故事逻辑：光头强听了熊大、熊二的话，挠挠头，左想想，右想想，哎呀，也不知道到底谁说得对。他心里直犯嘀咕："这俩家伙说得好像都有道理，可到底谁才是对的呢？我也弄不明白了。"就像知识渊博的孔子面对两小儿的争辩没法判断对错，光头强这个聪明鬼在熊大、熊二的争论面前也犯难了。

合

- 原文：两小儿笑曰："孰为汝多知乎？"
- 翻译：两个小孩笑着说："谁说你知识渊博呢？"
- 《熊出没》故事逻辑：熊大、熊二看着一脸困惑的光头强，忍不住哈哈大笑起来，熊大笑着说："还以为你啥都懂呢，原来也有不知道的呀！"就像两小儿笑话孔子知识不够渊博，熊大、熊二也笑话光头强这次没能解决他们的争论。这个结尾可有意思啦，它告诉我们，每个人都有不懂的地方，要多学习、多思考。

　　从上面的内容可以看出，豆包的回复质量很高。我们在看豆包的回复的时候，可以先看原文，再看翻译，然后带入《熊出没》的场景去生动且直观地理解这段话的意思。它通过将晦涩难懂的古文与孩子们耳熟能详的《熊出没》故事相结合的方式，生动有趣地把两个孩子关于太阳"远小近大"以及"冷热温差"的不同论断的逻辑关系清晰且透彻地解释了出来。这种讲解方式能够帮助孩子更好地理解古文内容，加深对故事发展逻辑顺序的印象，从而有效提升孩子的学习兴趣和理解能力。

　　如果孩子对相声、脱口秀感兴趣，那么也可以让豆包用相声的语言风格来对原文进行逐字翻译。孩子可以这样对豆包说："请用比较幽默的单口相声的语言风格为我逐句翻译一下，每句翻译后添加记忆锚点提示，用表格形式呈现，其中第一列为原文，第二列为相声风格的翻译，第三列为记忆锚点提示。"

下面是豆包的回复。

原文	相声风格的翻译	记忆锚点提示
孔子东游，见两小儿辩斗，问其故。	嘿哟，您瞧瞧！孔老夫子往东边溜达去，冷不丁瞧见俩小孩在那儿争得脸红脖子粗，跟斗鸡似的。孔夫子纳闷儿啊，就上前问："二位小爷，这是为嘛事儿吵吵呢？"	可以想象相声演员穿着长衫，一脸好奇地跟着孔子去看俩小孩吵架的场景，"冷不丁""吵吵"这些口语化表达很有他的风格，方便记忆场景。
一儿曰："我以日始出时去人近，而日中时远也。"	其中一个小孩扯着嗓子就喊："我觉着啊，太阳刚冒头的时候离咱近，等到中午的时候就离咱远喽！"	记忆时联想小孩大声喊叫表达观点的样子，"扯着嗓子""冒头"等词汇很形象，容易记住这个小孩的观点。
"日初出大如车盖，及日中则如盘盂，此不为远者小而近者大乎？"	您再瞧啊，太阳刚出来的时候，大得就跟那马车的车盖似的。等中午了呢，就变得跟那吃饭的小盘子、小碗似的。这不就是离得远看着就小，离得近看着就大的道理嘛！	把太阳初升和中午的样子分别类比成车盖和盘盂，画面感强烈，相声演员绘声绘色描述的样子能帮你记住这个论据。
一儿曰："我以日初出远，而日中时近也。"	另一个小孩也不甘示弱，嚷嚷道："我可不这么想，我觉得太阳刚出来的时候离咱远着呢，到中午才离咱近！"	同样联想小孩激动嚷嚷的画面，"不甘示弱""嚷嚷"突出其神态，方便记住他的观点。

（续）

原文	相声风格的翻译	记忆锚点提示
"日初出沧沧凉凉，及其日中如探汤，此不为近者热而远者凉乎？"	您再琢磨琢磨，太阳刚出来的时候，照在身上凉飕飕的。到了中午呢，热得就跟把手伸进热水里似的。这可不就是离得近就热乎，离得远就凉快的理儿嘛！	把温度变化具象成"凉飕飕""伸进热水里"，结合相声演员的语气，加深对这个小孩论据的记忆。
孔子不能决也。	孔老夫子听了，在那儿直挠头，也拿不准到底谁说得对，没法下判断喽！	想象相声演员模仿孔子挠头的滑稽样子，"直挠头"很生动，记住这个动作就记住了孔子的状态。
两小儿笑曰："孰为汝多知乎？"	俩小孩瞅见孔子这样，咯咯直笑，说："都说您学问大，知道得多，敢情也有不懂的时候啊！"	联想小孩嘲笑的表情和相声演员学小孩说话的语气，"咯咯直笑""敢情"等词加深对最后一幕的记忆。

　　豆包的回复非常出色，它以相声演员幽默的语言风格对原文进行了生动有趣的逐句翻译，并且在每句翻译后添加了实用的记忆锚点提示，以表格形式清晰呈现。这种风格化的翻译和记忆提示的结合，能够有效吸引孩子的注意力，帮助他们更好地理解和记忆古文内容，同时增添学习的趣味性。

二、三维场景重构：视听动态一体化呈现

当然，仅仅理解原文是远远不够的。如果想要记忆更深刻，那么就需要把文字转化为视频和图像。在背诵过程中，融合视频、图片、声音、动作、文字等多种元素，能够全方位地刺激大脑，帮助孩子更有效地记住所学知识。这种科学上被称为 VARK 的方法，实际上是一种多感官学习策略，它通过识别和调动学习者偏好的感官通道［如视觉（visual）、听觉（auditory）、读写（reading/writing）或动觉（kinesthetic）］来提升记忆效果。

下面，我将以人教版五年级语文下册课本中的经典词作《清平乐·村居》为例，向大家展示如何利用豆包快速地背诵这首古词。

"茅檐低小，溪上青青草。醉里吴音相媚好，白发谁家翁媪？大儿锄豆溪东，中儿正织鸡笼。最喜小儿亡赖，溪头卧剥莲蓬。"

1. 生成图片，把古诗画出来

你可以让豆包把每句话都生成一幅图。具体操作是点击该 App 左下角的"AI 生图"，然后对它说："请帮我把辛弃疾的《清平乐·村居》中的'茅檐低小，溪上青青草'意境用图表现出来。"

这时，它可能会生成如下 4 幅图，你可以从中选择一幅最喜欢的。如果这 4 幅图中没有你喜欢的，那么只需点击"再次生成"，它

就会重新生成 4 幅图。

　　如果你对重新生成的图还是不满意，那么可以再多加一些提示语，比如可以在画作中融入作者的创作心情。如果孩子知道这首词所传达的作者情感，那么也可以鼓励孩子直接与豆包进行交流。不过，你也可以直接向豆包提问："《清平乐·村居》展现了作者怎样的心境？"然后将豆包的回答转化为提示语，以引导它生成更符合你期待的图。

举个例子，你可以这样跟豆包说："请帮我把辛弃疾的《清平乐·村居》中的'茅檐低小，溪上青青草'意境用图表现出来。这是辛弃疾闲居带湖期间创作的一首描写农村生活的词作。当时他罢职闲居，过着躬耕田园的生活，这首词反映出他渴望远离官场的纷争与世俗的喧嚣，追求宁静、淡泊的生活心境，最好在图片中能体现出作者的这种心情。"

根据上述提示语，豆包重新生成了以下两幅图。

这次生成的图片就成功地把人物元素融入了进来，特别是第二幅图，格外突出了一个人在河边垂钓的场景，深刻地表达了对和平生活的珍视以及对田园生活的向往与由衷赞美的情感。

之后，你可以让豆包将这首词中的每一句话都用图画出来，实现一句话对应一幅图。如此一来，抽象的文字便转化成了生动形象的图片，从而使古诗背诵变得更加轻松便捷。

2. 生成音乐，把古诗唱出来

除了图片，音乐也具备激发大脑潜能的神奇功效。孩子们往往对那些节奏明快、旋律动听的歌曲情有独钟。脑科学研究显示，当诗词配上旋律时，其记忆留存率会从枯燥背诵时的 17% 骤升至 68%。这是因为这样的结合同时激活了大脑中的多个关键区域：**听觉皮层**（处理旋律）、**语言中枢**（记忆文字）和**运动区**（随节奏打拍子）。更为精妙的是，古诗与词在诞生之初就是为了吟唱，宋词本就是宋朝时代的流行歌词！利用 AI 技术还原其"唱词"的本质，才是真正意义上的文化传承与创新。

在豆包 App 的下方选择"音乐生成"，点击进入后，它里面有生成不同音乐风格（民谣、流行、摇滚、国风、爵士等）的选项，你可以选择不同的模板。在具体搭配里，你可以选择不同的氛围效果（如快乐、活力、忧伤、怀旧等），以契合这首词的风格。此外，你还可以选择歌手的性别（男生或女生），以及歌曲的时长（30 秒、1 分钟、2 分钟等）。接下来，需要决定是选择"自定义歌词"还是"帮我写歌词"。如果选择"自定义歌词"，那么豆包就会为你生成《清平乐·村居》的原词并配上相应的音乐；而如果选择"帮我写歌词"，它就会基于自己对这首词的理解，对翻译后的歌词进行谱曲。

以下是具体的操作步骤。

第一步：选风格——找准诗词 DNA

在豆包"音乐生成"界面，试试这些王炸组合：

- 《清平乐·村居》+ R&B = 溪水声采样 + 轻快鼓点（适合蹦跳着背）

- 《如梦令》+ Lo-fi = 雨声白噪声 + 电子音效（睡前记忆神器）

- 《满江红》+ 国风摇滚 = 古筝 + 电吉他 solo（背到热血沸腾）

第二步：定氛围——打造记忆情绪场

点击"氛围滤镜"解锁隐藏玩法：

- 选"怀旧"会加入老唱片杂音，瞬间穿越回南宋农家院

- 打开"活力"模式自动添加拍手声指令："这里要跺脚！"

- 激活"3D 环绕"后，孩子会听到溪水声从左耳流向右耳

第三步：玩歌词——"二创"才是王道

不要直接选"生成歌词"，可以先让豆包用"00 后黑话"翻译原词。当孩子亲身参与歌曲创作时，他们大脑中的海马体活跃度会显著提升 2.3 倍，孩子的"二创"其实就是在加深对原词的理解。你可以这样对豆包说："把辛弃疾的《清平乐·村居》用类似'茅檐低小→咱家老破小''溪头卧剥莲蓬→躺平摸鱼最快乐'这样的嘻哈风格改写一下。"

以下是豆包改写后的一段歌词。

咱家老破小，溪边绿草帽。
方言唠嗑真热闹，哪对老宝贝在说笑？
大哥溪东豆地忙，二哥编笼超在行。
最逗小弟没正样，溪头躺平把莲享。

不过，如果你担心孩子会感到混淆，那么"二创"这一环节可以选择忽略。是否进行"二创"应根据孩子自身的特点和兴趣来决定，因为"二创"的本质在于引导孩子通过他们感兴趣的方式来深入理解诗词。

现在，万事俱备，只欠东风。我知道你一定迫不及待了。点击"音乐生成"，我选择的是"R&B，放松，男声，30 秒，自定义歌词"。然后，我对豆包说："茅檐低小，溪上青青草。醉里吴音相媚好，白发谁家翁媪？大儿锄豆溪东，中儿正织鸡笼。最喜小儿亡赖，溪头卧剥莲蓬。"

怎么样？你是否有兴趣一起听听？你要不要试试自己改写歌词？

三、角色扮演：让古人"活"过来

如果你觉得这些还不够，希望孩子能够更深入地了解作者的创作背景，那么你可以尝试使用豆包的智能体功能。你可以打开豆包，点击其右上角的放大镜符号，然后就会出现搜索栏。假如你在搜索栏中输入"李白"，一个栩栩如生的李白智能体便会出现在你的面前，仿佛李白穿越千年时光，与你进行面对面的交流（一般来说，小学课文里出现的著名诗人都有相应的智能体可供体验）。

下面，我将以李白的经典之作《早发白帝城》为例，展示我如何引导我女儿与李白进行一场跨越时空的对话。他们的这场对话非常有意思，如下图所示。

首先，女儿对李白说："今天我们学了你的古诗《早发白帝城》，老师要求我们背诵，可是我不会背，你能教我背吗？"

李白回复女儿说："哈哈，小儿，此诗乃吾当年遇赦后，从白帝城返回江陵时所作。（捋了捋胡须，摇头晃脑道）至于如何背诵，且听吾言。"然后他逐字逐句地给孩子解释了一遍诗的意思。

女儿眼里瞬间闪烁起好奇的光芒，追问道："什么叫你当年遇赦后啊？你发生什么事了？"李白听后，唉声叹气地回答了女儿的问题。女儿又兴致勃勃地说："我现在有很多问题要问你。你为什么会受到永王李璘的牵连？你被谁给赦了？'遇赦'是什么意思？为什么是从白帝城出发？白帝城是一个很偏远的地方？"

他一一解答了孩子的疑问。聊着聊着，女儿突然兴奋地对我说："原来'千里江陵一日还'不是真的指划船快，而是李白太想回家才觉得快呀！"然后，她问李白是不是这么想的。他告诉她，因为归心似箭，仿佛一日便可到达，确实是很愉悦的。女儿听后超开心，她居然猜对了李白的心情。

最令我惊喜的是，这个能与孩子对话的李白智能体，仿佛为孩子打开了历史的万花筒。孩子不仅深刻记住了诗句，还了解到了安史之乱、流放夜郎等丰富的背景故事。现在，每当她背到"两岸猿声啼不住"时，便会手舞足蹈地解释道："这时候李白的小船正穿过三峡，两岸的猴子都在给他加油呢！"这种将诗人经历、时代背景与诗句融会贯通的学习方式，远比死记硬背要生动有趣得多。

"李白"这个智能体的最大好处就是让语文学习瞬间变得生动鲜活。其实，每个孩子心里都住着"十万个为什么"，而这个 AI 诗人的神奇之处就在于能够随时回应孩子的好奇心。当诗句不再是印在纸上的冰冷铅字，而是化作带有温度的历史故事时，当诗人不再是课本里静态的画像，而是成为能聊天、会讲段子的老朋友时，孩子们自然会把背诵古诗视为一场充满乐趣的探险游戏。

我真的很羡慕现在的孩子们。我小时候学古诗时，特别希望了解诗人是什么性格的人、他当时的处境是什么样的、他在所处的时代遇到了什么事情、他为什么写了这首诗，以及想要表达什么样的感情。但当时的我，没有互联网的帮助，即便后来有了互联网，也没有时间去做深度调研了。而如今，这个智能体能以李白本尊接入，带有强烈的代入感，让孩子仿佛化作诗人，亲身体验其情绪的起伏与心境的变化。这种既能提高记忆效率，又能培养文学素养的学习方式，或许就是我们送给孩子最好的古诗启蒙礼物。

四、反馈测试：考和背相结合，记忆效果才能更好

有些家长担心孩子背完课文后很快就会忘记，那该怎么办呢？其实，关键在于缺乏一个"检测－反馈"的完整闭环。我带孩子使用 AI 背诵完《早发白帝城》后，特意用中考真题模式做了个小测试，这种考和背相结合的效果特别好。打个比方，考试就像为记忆装上了

GPS，而 AI 就是最懂孩子的导航员——哪里卡壳就点亮哪里。背过的诗句在检测中变成了活地图，这才是真正让知识扎根的秘诀！

孩子可以这样与豆包沟通："我刚刚背完李白的《早发白帝城》，你能不能以中考的模式，帮我出几道测试题，来测试一下这首诗我是不是已经会背了？"

豆包迅速为小朋友编写了题目，并巧妙地设计了不同的题型，如下所示。

以下是几道关于《早发白帝城》的中考模式题。

一、直接默写

1. 补写出李白《早发白帝城》的前两句：朝辞白帝彩云间，_____。
2. 请写出诗的后两句：_____，轻舟已过万重山。

二、理解性默写

1.《早发白帝城》中通过夸张的手法，写出船行之快的诗句是：_____。
2. 诗中体现诗人愉悦心情，描绘白帝城地势之高的句子是：_____。

三、诗句赏析（简要回答）

1. "两岸猿声啼不住，轻舟已过万重山"这两句诗营造了怎样的意境？
2. 请分析"朝辞白帝彩云间"中"彩云间"三字的妙处。

亲爱的家长，当你看着孩子摇头晃脑地背古诗时，是否也想起了自己学生时代捧着课本死记硬背的场景？那时的我们或许从未想过，有朝一日李白能穿越时空给孩子讲段子，辛弃疾的词能变成嘻哈单曲。

这正是 AI 赋予教育的"魔法"——它如同一台神奇的时光机，让千百年前的诗人从课本里走出来，用孩子们听得懂的语言讲述自己的故事；它又像一支神笔，把抽象的文字变成可触摸、可互动、可创造的三维世界。当背诵不再是与文字搏斗的苦役，而是一场跨越时空的探险时，孩子们自然会主动拾起这把打开文化宝库的钥匙。

最后，我把下面这 3 个行动锦囊送给你。重要的是动起来。

(1) 今天就试：打开豆包，让孩子选一首最头疼的古诗，用本章所讲的任一方法开启 15 分钟趣味挑战。

(2) 错题变彩蛋：让 AI 将孩子背错的部分改编成冷笑话，并生成表情包加深记忆。

(3) 做孩子的同学：每周选一首诗，全家用不同的 AI 功能创作作品，举办家庭诗词大会。

第 9 章

语文阅读理解难，如何用 AI 辅助孩子阅读

豆包 × SQ3R 法

读不懂？读不通？不会做题？

—— 本章提要 ——

- 让 AI 帮忙梳理文章结构，提取中心思想
- 用 SQ3R 法让孩子与 AI 对话，提升阅读效率
- 阅读理解题目不会做，AI 可以来帮忙

阅读是大多数孩子在语文学习中的痛点。具体来说，孩子们在阅读中通常会面临读不懂、读不通、不会做题等情况。从基础层面上看，中文分级阅读图书的分级颗粒度有待细化，生词难句频出，导致孩子读不懂，进而易丧失兴趣；从方法层面分析，家长重阅读数量而轻方法培养，使得孩子囫囵吞枣，缺乏深度理解和独立思考能力；从应用层面来讲，阅读理解题是小学高年级语文学习的难点和痛点，在考试中扣分严重。因此，这一问题亟待解决。

在第 8 章中，我已经介绍过如何用豆包帮助孩子背诵古诗词。可是，你知道吗？豆包还可以帮助孩子攻克语文学习中最棘手的阅读理解难题。接下来，我将带你一步步体验如何利用豆包辅助孩子进行阅读。

一、基础层：读不懂

中小学生的认知水平和知识储备有限，而现有的中文分级阅读图书难度梯度模糊，导致孩子们在阅读时频繁遭遇生词难句，形成理解障碍，从而逐渐丧失阅读兴趣。传统方法是通过查纸质词典或是注释版教材解决生词问题，但这样做效率非常低。以我女儿为例，她经常仅仅为了完成老师布置的预习生词的作业而耗费整晚的时间。

这个时候我们就请出豆包来帮忙吧。

豆包可以帮孩子快速查询字词的含义，省去其翻阅字典的烦琐步骤。例如，当孩子读到古诗《浪淘沙·其一》中的"**九曲黄河万里沙，浪淘风簸自天涯**"时，就会遇到以下 3 个典型问题：第一，"簸"字不认识；第二，九曲的"曲"字不知道读一声还是三声；第三，也是最重要的，因为不认识诗中的部分文字，所以一时难以理解整句诗的意思。这时候，就可以向豆包提问："'九曲黄河万里沙，浪淘风 X 自天涯'里面'风'后面那个字怎么读？'九曲'的'曲'字读一声还是三声？这句诗是什么意思？"

豆包马上对你的问题心领神会，不用半分钟，就会把正确的读法和意思全都告诉你。"浪淘风簸（bǒ）自天涯"中的"簸"字在这里是"摇动"的意思；"九曲（qū）黄河万里沙"中的"曲"字读一声，意思是"弯曲"。这句诗的意思是"蜿蜒曲折的黄河裹挟着绵延万里的黄沙，波涛汹涌翻滚，好似被狂风掀簸着从遥远的天边滚滚而来。"诗人描绘出了黄河汹涌澎湃、源远流长的壮丽景象。

但很多时候，孩子读不懂一篇文章，可能并不是因为不认识字词，而是因为不能理解文章的逻辑结构——这在信息密度大、结构严谨的议论文和说明文中尤为明显，而我对此深有体会。在我刚开始做科研的时候，每次读英文文献时都会遇到这样的困境：虽然每个单词都认识，但连成一段话后就完全不明所以。深究起来，其实最根本的原因就是我对文章的逻辑结构缺乏有效的拆解能力。文章如同一座建筑，逻辑结构便是其框架。如果孩子抓不住文章的行文线索（比如议论文的提出问题、分析问题、解决问题；说明文的总分总、总分、分总等），那么就如同在没有地图的迷宫中徘徊，自然难以领会文章要义。只有把握了逻辑脉络，才能真正读懂文章。

这里，我们以人教版六年级语文下册课本中的《为人民服务》一文为例，让豆包帮我们梳理一下文章的逻辑结构，以便理解作者的行文脉络。我们可以这样向豆包提问："人教版六年级语文下册课本中的《为人民服务》一文我理解起来有一点儿困难，你能先帮我梳理一下这篇文章的行文结构吗？同时，请为我讲解一下每一段的中心思想。"

豆包首先指出这篇文章结构清晰，层层递进。然后，它又逐段对文章进行了总结：第一段提出观点；第 2~4 段论证观点，分别从生死观、批评观和奋斗观 3 个角度论述了如何为人民服务；第 5 段总结升华，让文章的主题从个人行为上升到群体意识和民族精神层面。

下面我们来看一下豆包的具体回答。

《为人民服务》这篇文章结构清晰，层层递进。

以下是该文的**行文结构**和**中心思想**：
- **提出观点（第 1 段）**
  - **中心思想**：明确指出共产党及其领导的队伍的宗旨是完全、彻底地为人民服务，并且点出张思德是这支队伍中的一员，为下文围绕张思德的事迹论述做铺垫。
  - **主要内容**：开宗明义地说共产党和共产党领导的队伍是为解放人民、为人民利益工作的，由此引出张思德同志。

- **论证观点（第 2~4 段）**

  第 2 段：
  - **中心思想**：论述生死观，表明为人民利益而死比泰山还重，通过对比，强调为人民利益献身的价值，突出张思德死的意义。
  - **主要内容**：首先引用司马迁的话，然后说明为人民利益而死就重于泰山，替法西斯等反动势力卖命就轻于鸿毛，张思德为人民利益而死，所以他的死重于泰山。

  第 3 段：
  - **中心思想**：要正确对待批评。因为是为人民服务的队伍，所以对于别人指出的缺点，只要是正确的意见就要接受并积极改正，体现了为人民服务的真诚态度。
  - **主要内容**：强调为人民服务就要不怕别人批评，正确的意见就要接受并积极改正。本段还列举了党外人士李鼎铭提出"精兵简政"被采纳的例子。

  第 4 段：
  - **中心思想**：阐述为了共同目标大家要团结奋斗，不怕困难和牺牲，同时也要关心、爱护同志，减少不必要的牺牲，展现革命队伍的凝聚力和使命感。
  - **主要内容**：指出大家为了共同的革命目标走到一起，要看到光明和成绩，要勇于奋斗。同时提到为人民利益而死是值得的，但要减少不必要的牺牲，干部和战士之间要互相关心、爱护、帮助。

- **总结升华（第 5 段）**
  - **中心思想**：说明开追悼会的意义是寄托哀思、团结人民，升华了为人民服务的主题，让文章的主题从个人行为上升到群体意识和民族精神层面。
  - **主要内容**：规定队伍里不管谁做过有益的工作，去世后都要开追悼会，这种方式也要推广到老百姓中，以此团结人民。

二、方法层：阅读策略不对

不同类型的图书有不同的阅读方式。例如，对于大众畅销书、休闲类读物等，仅需粗略阅读，快速地浏览内容，掌握大致情节或观点即可；对于经典文学名著、学术著作等，则要求精细阅读。而对于后者，很多孩子往往未能掌握正确的阅读方法。传统模式下，孩子多依赖教师传授阅读策略（如做批注、思维导图等），但教师无法时刻陪伴，当孩子独自阅读时，又被打回了原形，导致方法论与实践严重脱节。此时，我们就可以借助 AI，因为 AI 能凭借其 24 小时在线的优势，随时为孩子提供指导，成为帮助孩子完成精细阅读的良师益友。

下面我向大家推荐一种经过我多年阅读实践验证、对提升阅读理解能力极为有效的方法——SQ3R 法。那么，究竟什么是 SQ3R 法呢？所谓 SQ3R，就是浏览（survey）、提问（question）、阅读（read）、复述（recite）以及复习（review）。"浏览"是指快速阅读文章，了解大致内容，建立对内容的整体印象。"提问"是指针对文章内容提出问题，比如"本文的核心观点是什么？"或"作者为什么要写这个内容？"这些问题能激发读者的好奇心，使阅读更具目标感和主动性。"阅读"是指带着问题仔细阅读文章。主动思考有助于将知识内化，而不仅仅是停留在表面。对于重要段落和术语，我们可以圈点勾画，甚至写下自己的理解。"复述"是指用自己的话复述文章内容，这也是检验理解程度的最佳方式。"复习"是指再次回顾文章，巩固理解。

在以上提到的几个环节中，AI 在"提问"环节和"复述"环节都能对孩子们有所帮助。接下来，我会给大家分别举两个例子。

首先，以人教版四年级语文上册课本中的《走月亮》一文为例，我们可以让孩子浏览一遍课文后，根据文中描述，对 AI 进行"对话式提问"。下面是我家孩子和 AI 的对话场景。

孩子："在人教版四年级语文上册课本的《走月亮》一文中，什么叫'走月亮'啊？"

豆包："'走月亮'是我国南方一些地区的习俗。在月光皎洁的夜晚，人们喜欢到户外月光下散步、嬉戏，欣赏月光下的美景，这就叫'走月亮'。"

孩子："作者为什么要写《走月亮》啊？"

豆包："作者写《走月亮》主要有以下几个原因。

一是为了记录美好回忆。作者和阿妈在'走月亮'的过程中看到了溪边、田埂等很多地方的美丽景色。这些景色在月光的照耀下，如梦如幻。作者通过文字把这些难忘的场景记录了下来，比如明亮的月盘、月光闪闪的溪岸、月影团团的果园等，让美好的记忆能以文章的形式留存。

二是表达对阿妈浓浓的爱。在'走月亮'时，作者和阿妈手牵着手，一边走一边聊天，在这个过程中能感受到作者和阿妈之间亲密无间的关系。'走月亮'的过程其实就是作者和阿妈享受亲情的过程。作者通过描写'走月亮'来传达自己对阿妈的依恋、感激等情感。

三是展现乡村生活的美好。'走月亮'是乡村生活的一个典型场景，作者通过对'走月亮'的描写，从侧面展示出乡村宁静、优美的自然环境和淳朴的风土人情，让读者感受到乡村生活的闲适与美好。"

孩子："那在这篇文章中，作者每一段都分别描写了什么样的'走月亮'的情景呀？"

豆包："在《走月亮》这篇文章中，作者在不同段落描写了不同的'走月亮'情景。

1. 第 1~3 段：

- 主要描写了在秋天的夜晚，月亮从洱海边升起来，照亮了点苍山、大青树、村间的大道和小路等，这时候阿妈喜欢牵着'我'，在洒满月光的小路上走着。这是一个静谧、美好的月夜场景，为下文具体的'走月亮'经历奠定了氛围基础，让读者感受到月光下乡村夜晚的宁静与美丽。

2. 第 4~5 段：

- 主要描写了'我'和阿妈在溪边'走月亮'的情景。溪水细细地流着，流着山草和野花的香味，也流着月光。灰白色的鹅卵石布满河床，卵石间有许多可爱的小水塘，每个小水塘都'抱'着一个月亮。作者还回忆起白天阿妈在溪里洗衣裳，'我'用树叶做小船运载花瓣的事情。这里的画面充满了温馨和童趣，月光下的小溪、水塘、鹅卵石以及作者和阿妈的回忆交织在一起，给人一种宁静而美好的感觉。

3. 第 6~7 段：

- 主要描写了'我'和阿妈在田埂上'走月亮'的情景。村道已经修补过，就要收庄稼了，秋虫唱着，夜鸟拍打着翅膀，鱼儿跃出水面，从果园那边飘来果子的甜香，果园里的果子挂满枝头。沟水汩汩地响着，旁边是它浇灌过的稻田，稻谷就要成熟了，稻穗低垂着头，稻田像一块月光镀亮的银毯。这是一幅丰收的、充满喜悦的乡村田园夜景图，展现了乡村生活的美好和人们对丰收的期待。

4. 第 8~9 段：

- 主要描写了'我'和阿妈走过的更多地方。走过月光闪闪的溪岸，走过石拱桥，走过月影团团的果园，走过庄稼地和菜地……在这个过程中，'我'仰起脸看阿妈时，突然看见美丽的月亮牵着那些闪闪烁烁的小星星，好像也在天上走着。这里给人一种温馨、幸福的感觉，也表达了作者对'走月亮'这种美好体验的喜爱以及对和阿妈在一起的时光的珍惜。"

孩子还可以根据文中细节进行提问，这里我就不一一列举了。大家看，像"走月亮"这样富有地域特色的词语，承载着南方特有的民俗文化和语言习惯。对生活在北方的孩子来说，往往很难理解这样的表达。而且，这样的词语在常规词典中通常难以查到。因此，对文章中关键词汇的不理解，常会阻碍我们对文章整体的理解。但现在有了 AI，孩子可以通过快问快答的方式，迅速理解什么是走月亮、为什么要走月亮、怎么走月亮，以及文章表达了作者什么样的思想感情，快速抓住文章的核心要素，进而更好地理解文章的含义。

事实上，我在教学中也会经常用到这个方法。你可能想不到，现在小学生就已经开始关注诺贝尔奖颁奖典礼了。在 2023 年诺贝尔生理学或医学奖揭晓的当天，我女儿班上的一些孩子就已经迫不及待地埋头钻研起获奖论文了。听起来很不可思议吧？你可能会问，面对众多专业术语与复杂的学术概念，小学生怎么能理解？

其实，这都是 AI 在帮忙。孩子们先把文献传给豆包，要求它用通俗易懂的语言进行解释。随后，豆包便能根据文献内容，逐一为孩子们提供易于理解的答案。说实话，为了验证豆包回答的准确性，我亲自逐字阅读了那几篇文章，发现它的回答几乎完全正确。借助这种方式，小学高年级的学生得以突破自身知识储备和英文水平的局限，像博士生一样深入阅读并理解高难度的学术文献。

除了在阅读时可以向豆包提问，还可以在"复述"环节让孩子与豆包互动。

下面我再举一个例子。有一天，我女儿在读完《苏菲的世界》和《哲学家的狗》后想与我讨论康德哲学。很遗憾的是，我对康德哲学的了解仅仅限于那句名言："世界上唯有两样东西能让我们的内心受到深深的震撼，一是我们头顶上灿烂的星空，一是我们内心崇高的道德法则。"我深知与女儿的对话超不过 3 个回合就会陷入尴尬，于是赶紧请出豆包，让女儿对着它复述书中的内容。

女儿是这样跟豆包说的："我是一名四年级的小学生，刚读完《苏菲的世界》和《哲学家的狗》这两本书。我理解康德哲学的意思是，我们看到的'世界'不一定是真的，其实是我们的大脑'加工'出来的。就像你戴了一副特殊的眼镜，看到的颜色和形状可能与真实的不太一样。我们的大脑中也有这样的'眼镜'，它会帮我们整理信息，但同时也会改变一些东西。所以，我们所看到的'世界'可能不是它真正的样子。你觉得我的理解对吗？这是康德哲学的主要内容吗？还有没有别的我没提及的部分？"

以下是豆包的回复。

你说得非常棒呢！对四年级的你来说，能有这样的理解已经很好啦。你所理解的部分确实是康德哲学很重要的一点。康德强调我们认识世界是通过先天的认识形式来进行的，这些形式就像你说的"眼镜"，会对我们看到的东西进行加工。

不过康德哲学还包含其他内容。康德还讲了道德方面的内容。他认为道德行为基于一种叫"绝对命令"的东西。比如说，我们要诚实，这不是因为不诚实会有不好的后果，而是因为诚实本身就是一种道德责任。如果做一件事情的理由能够让所有人都按照这个理由去做，那这个行为在道德上就是好的。

另外，康德也提出了一些审美方面的想法。他觉得美是一种主观的感受，但是当我们说一件东西美的时候，我们也希望别人能感受到它的美。这就好像我们看到一朵漂亮的花，我们会觉得别人也应该觉得它漂亮。

三、应用层：不会做题

阅读理解题是小学高年级语文学习的难点和痛点。很多小学生在语文考试中，作文只扣 1~2 分，而阅读理解要扣 5~6 分。事实上，孩子们并不是没有读懂文章，而是缺乏将文本信息转化为解题能力的系统方法。传统上采用的题海战术依赖于大量重复性练习和机械记忆答题模板，虽然短期内能提升分数，但容易导致边际效益递减，让孩子对阅读丧失兴趣。更为关键的是，这种方法缺乏对阅读理解这一过程的深入指导，无法从根本上提升孩子的阅读理解能力。

古文学习无疑是中高考备考中一块难啃的"硬骨头"。无论是对文言文里字词的透彻理解，还是对文言文主旨的精准把握，都要求孩子们从小就打下扎实的功底。很多有远见的家长早已意识到这一点，从孩子小学阶段便开始有意识地引导他们接触古文，积累文言文功底。我仔细研究了近些年中考和高考的阅读理解命题形式，以及国外的 PISA 考试中的阅读理解题型，发现大致可以将阅读理解题型划分为信息类文本阅读、文学类文本阅读和文言文阅读这 3 个主要类别。信息类文本阅读涵盖非连续性文本阅读、议论文和说明文，学生在阅读这类文章时，常常会陷入**信息杂乱、抓不住重点，答题时容易遗漏关键信息**的困境。文学类文本阅读包括小说阅读和散文阅读，学生在阅读这类文章时，往往**读得懂情节但抓不住深层含义，导致在赏析题上丢分**。文言文阅读就更别说了，无论是古诗还是古文，都是学生最为头疼的难题，**字词不懂、翻译卡壳、主旨理解出现偏差**，这些都是比较常见的问题。

这时，我们就可以将 AI 转化为"**策略教练**"，**让它为孩子提供解题策略，真正实现"做一题通一类"的思维升级**。例如，我们可以让 AI 扫描试卷，让它帮我们对孩子的解题错误进行归类，明确这些错误是属于"信息遗漏""过度引申"，还是"术语混淆"等具体类型。随后，让 AI 依据错误类型生成动态例句或者反馈题目，以此强化孩子对知识点的认知与理解。关于如何用 AI 帮助孩子正确地"刷题"，我已在第 3 章中进行详细介绍。这里，我将以大家最头疼的文言文阅读为例，讲讲如何用 AI 帮助孩子有效突破学习关卡。

对于文言文，现在中高考的考点主要集中在断句与停顿、实词与词类活用、虚词等方面。孩子们之所以读不懂，其实主要是因为在词汇积累、语义理解、语法运用等方面存在较大的障碍。接下来，我将通过几个具体的例子，详细展示 AI 在文言文学习过程中究竟能为我们提供哪些帮助。

首先是断句与停顿的练习。孩子在初学文言文时，难以识别文言文句式规律（比如应在"者""也"等标志词后停顿），常常会将完整的语义割裂开来，面对省略主语或宾语的长句更是无从下手，导致逻辑混乱。针对这一问题，我们可以让孩子多做一些断句练习。但是，市面上现有的文言文练习材料基本上是已经断好句的。这时我们就可以充分利用现代技术，比如将断好句的文言文上传至智能平台，然后让 AI 生成没有标点符号的文言文，来有针对性地训练孩子对文言文的理解能力。

下面是我的具体操作流程。我将女儿人教版四年级语文下册课本中的一段文言文（参见以下内容）拍照并上传给豆包，然后跟它说："请帮我把这段文言文生成没有标点符号的文章，我要让孩子做断句练习。"

铁杵^{chǔ}成针①

磨针溪，在象耳山下。世传李太白读书山中，未成，弃去。过②溪，逢老媪^{ǎo}方③磨铁杵。问之，曰："欲作针。"太白感其意④，还卒^{zú}业⑤。

豆包迅速为我生成了如下内容。通过这样的练习，能够显著提升孩子对古文的语感。

磨针溪在象耳山下世传李太白读书山中未成弃去过是溪逢老媪方磨铁杵问之曰欲作针太白感其意还卒业

其次是实词与词类活用的练习。在文言文中，有大量字词虽然古今字形完全相同，但其意思与现代汉语往往大相径庭。例如，古时候的"走"并非指"行走"，而是"奔跑"之意；古时候所说的"涕"

也并非指"鼻涕"，而是指"眼泪"。那这些该怎么记呢？我们可以让 AI 来做一个总结。

你可以这样跟豆包说："你能否帮我把小学阶段的古今字形完全相同，但意思不一样的字词总结出来，并且说出是出自哪篇课文的哪句话？"

豆包马上就列出了答案。

以下是小学阶段常见的古今字形完全相同，但意思不一样的字词，以及它们各自所在的课文语句。

- **走**：古义指"跑"，比如《王戎不取道旁李》中的"诸儿竞走取之"；今义指"行走"。
- **去**：古义指"离开"，比如《陈太丘与友期行》中的"太丘舍去"；今义表示"到某地去"。
- **涕**：古义指"眼泪"，比如《闻官军收河南河北》中的"初闻涕泪满衣裳"；今义指"鼻涕"。
- **妻子**：古义指"妻子和儿女"，比如《闻官军收河南河北》中的"却看妻子愁何在，漫卷诗书喜欲狂"；今义指"男子的配偶"。
- **牺牲**：古义指"祭祀或祭拜用的纯色的整只牲畜（牛、羊、猪等）"，虽小学课文中未直接出现典型句子，但在讲解传统文化知识时会涉及；今义指"为正义的目的舍弃自己的生命"。
- **汤**：古义指"热水、开水"，比如《两小儿辩日》中的"及其日中如探汤"；今义通常指"食物煮后的汁水或烹调后汁水较多的副食"。
- **交通**：古义指"交错相通"，比如《桃花源记》中的"阡陌交通，鸡犬相闻"；今义指"各种运输和邮电事业的总称"。

- **无论**：古义是"不要说，（更）不必说"，比如《桃花源记》中的"乃不知有汉，无论魏晋"；今义表示"在任何条件下结果都不会改变"。

- **绝境**：古义是"与人世隔绝的地方"，比如《桃花源记》中的"率妻子邑人来此绝境"；今义指"没有出路的困境"。

- **鲜美**：古义指"鲜艳美丽"，比如《桃花源记》中的"芳草鲜美，落英缤纷"；今义指"食物味道好"。

- **居**：古义指"停留"，比如《小石潭记》（虽非小学课本正文，但在拓展阅读中常见）中的"不可久居"；今义指"居住、住所等"。

- **郭**：古义指"外城"，是在城的外围加筑的一道城墙，比如《木兰诗》（虽非出自小学课本，但小学已接触相关故事）中的"爷娘闻女来，出郭相扶将"；今常用来表示"姓氏"。

- **河**：古义一般特指"黄河"，比如《浪淘沙·其一》中的"九曲黄河万里沙"；今义泛指"河流"。

- **窃**：古义是"私下、私自"，是一种谦辞，虽小学课本中未直接出现典型句子，但在讲解文言文常识时会涉及；今义指"偷窃"。

- **可以**：古义是"可以凭借"，比如《论语》十二章（小学已接触相关句子）中的"温故而知新，可以为师矣"；今义表示"可能或能够"。

- **学者**：古义指"求学的人"，虽小学课本中未直接出现典型句子，但在讲解文言文时会拓展；今义指"在学术上有一定成就的人"。

- **虽**：古义表示"即使"，比如《学弈》中的"虽与之俱学，弗若之矣"；今义表示"虽然"。

在仔细浏览完豆包给出的详尽解释后，我们可以继续让它帮忙出题，以检验自己的掌握程度。可以这样跟豆包说："你可以就以上这些字词给我出 10 道题，让我在具体的选项里面去做一下判断吗？"

以下就是豆包给出的题目。你看，是不是还不错？如果你只想让豆包就其中的几个字词出题，那么可以直接告诉它你想用的字词，比如用"走""去""虽"等出题即可。

1. 下列句子中，"走"的意思与其他三项不同的是（ ）
   A. 诸儿竞走取之　　　　　　B. 走马观花
   C. 饭后走一走，活到九十九　　D. 兔走触株

2. 对"太丘舍去"中"去"的理解，正确的一项是（ ）
   A. 前往　　　B. 距离　　　C. 离开　　　D. 去掉

3. "初闻涕泪满衣裳"中"涕"的含义是（ ）
   A. 鼻涕　　　B. 眼泪　　　C. 唾液　　　　D. 汗水

4. "率妻子邑人来此绝境"中"妻子"指的是（ ）
   A. 男子的配偶　　　　　　　B. 妻子
   C. 妻子和孩子　　　　　　　D. 孩子

5. "及其日中如探汤"中"汤"的意思是（ ）
   A. 菜汤　　　B. 热水　　　C. 汤药　　　D. 米汤

6. "阡陌交通"中"交通"的意思是（ ）
   A. 各种运输和邮电事业的总称
   B. 交错相通

    C. 交通安全

    D. 交流沟通

7. "乃不知有汉，无论魏晋" 中 "无论" 的意思是〔　〕

    A. 不管　　　　　　　　　　B. 不要说，（更）不必说

    C. 不论　　　　　　　　　　D. 表示条件不同而结果不变

8. "芳草鲜美" 中 "鲜美" 的意思是〔　〕

    A. 味道好　　　　　　　　　B. 新鲜美味

    C. 鲜艳美丽　　　　　　　　D. 清新美好

9. "温故而知新，可以为师矣" 中 "可以" 的意思是〔　〕

    A. 能够　　　　　　　　　　B. 可以凭借

    C. 许可　　　　　　　　　　D. 可能

10. "虽与之俱学，弗若之矣" 中 "虽" 的意思是〔　〕

    A. 虽然　　　　B. 即使　　　　C. 然而　　　　D. 但是

    当 AI 不再是冰冷的答题机器，而是化身为懂得追问 "为什么"、引导 "再想想" 的思维教练时，阅读训练便跳出了机械 "刷题" 的泥潭。孩子们在破解文本密码的过程中，不仅收获了应试技巧，还培养了受益终身的分析力与表达力。AI 不仅解决了阅读中的表层痛点（比如生词难句的理解），还重构了 "阅读 - 思考 - 表达" 的认知闭环。在阅读环节，AI 通过动态解析和针对性问答，帮助学生突破知识储备的局限，深入理解高难度文本；在思考环节，AI 引导学生提出关键问题，并通过逻辑拆解和知识关联，激发深度思考；在表

达环节，AI 作为对话伙伴，鼓励学生复述、提问和反思，帮助他们将零散的知识整合为系统的认知。这种"输入 – 加工 – 输出"的闭环，不仅提升了阅读效率，还培养了学生的独立思考和表达能力，使其在学术探索中更具主动性和创造性。不妨在大好的周末时光里，和孩子一起阅读吧。如果你在用 AI 辅助孩子阅读方面有什么独到的使用技巧或心得体会，也欢迎与我交流分享。

第 10 章

如何用 AI 制订高效可行的学习计划和规划

DeepSeek × 要事第一法

玩得开心，学得开心

本章提要

- 自己列出任务清单
- 告诉 AI 孩子的可用时间（作息时间）
- 让 AI 帮孩子估算完成任务需要的时间与可用时间是否匹配
- 让 AI 帮孩子制订学习计划表

在针对本书内容开展用户调研时，我发现很多家长期待能借助 AI 工具帮助孩子更好地制订学习计划。对于学习计划，很多家长最头疼的问题是：明明花时间做好了计划，孩子却总是难以坚持执行。究其原因，主要有以下 3 点。

- **制订计划的方法不对。**有些孩子不太会制订计划，认为制订学习计划就是把要做的事情填到时间表中，其关注点只停留在"完成作业"层面。在他们的观念里，学习计划俨然成了一份任务清单，而非一个围绕具体学习目标而精心设计的系统性规划。在实际执行过程中，他们只是被动且按部就班地遵循计划的安排，缺乏对学习目标的主动管理和深入思考，从不关心学习效果怎么样。

- **制订的计划过于死板。**有些孩子制订的计划无法完成，是由于小学生尚未建立完整的时间感知能力，难以准确预估各项任务的耗时，导致将时间表填得很满，超出实际执行能力。然而，深入分析不难发现，这种计划虽然看起来很详细，但是时间安排过于死板，无法应对每天可能出现的突发情况。过度严苛的计划也会引发自我损耗（Ego Depletion），一旦错过一个任务，整个计划就全乱了，使得计划的执行力下降。

- **执行过程中注意力不集中。** 最后，也是最重要的，由于孩子的注意力难以长时间保持高度集中，再加上他们的自我监控和调节能力相对较弱（例如，有些孩子虽然看似坐在书桌前学习了两小时，但实际真正专注于学习的时间可能只有 30 分钟），导致在规定的时间内无法完成计划中的任务。而深层次的原因，在于他们缺乏有效的时间管理方法。

在本章中，我将带领大家用 DeepSeek 来解决上述问题。下面我们开始吧。

刚刚我们提到，孩子难以坚持执行计划，其中一个原因就是制订计划的方法不对。所以，本章我将带领大家，从如何科学地制订计划到如何有效地执行计划，一步步借助 AI 对计划进行全方位的完善与优化。在正式开始之前，我要提醒各位家长，学习计划必须由孩子亲自参与制订，而非家长单方面为其规划。没有任何一个人愿意被命令，孩子也不例外。只有计划是自己制订的，孩子才有动力去完成。所以，特别推荐家长与孩子一起阅读本章内容。

一、自己列出任务清单

任务清单是指孩子每天要做什么事情以及学习要达到什么目标。任务清单的制订过程必须由孩子和家长共同参与，这是任何先进技术都无法替代的环节。尽管 AI 很厉害，但它缺乏对本地知识的深入了解，既不能真正了解你的个性化需求，也无法替你列举每天需要完成的事情。

列任务清单的方法比较简单，就是使用 SMART 目标管理法和要事第一法（First Things First）。

所谓 SMART 目标管理法，是指通过确保目标明确（specific）、可衡量（measurable）、可达成（attainable）、相关（relevant）以及有时限（time-bound）来提高目标实现效率和效果的管理方法。注意，这里的关键是目标一定要具体，不能泛泛而谈。

要事第一法就是把事情分成 4 个象限，分别按照重要和紧急两个维度进行分类，优先处理重要且紧急的事务，合理安排重要但不紧急的事务，尽量减少紧急但不重要的事务，避免处理既不重要也不紧急的事务，从而提高时间管理效率以及工作质量和生活质量。

如果采用要事第一法，那么对于小学低年级的小朋友，我们可以直接将下面这张截图中的表格提供给他们（根据每个孩子的不同情况，表格内容可稍作调整），让其自行填写，无须解释上述理论知识。但如果是小学高年级的小朋友，那么最好能够向他们解释清楚为什么要这样做。

紧急

家庭事务	预估时间
吃饭	
洗澡、刷牙	
收拾书包	
和弟弟玩	

学校布置课内作业	每天具体任务	预估时间
语文作业		
数学作业		
英语作业		

不重要 ——————————————→ 重要

课外补充	每天具体任务	预估时间
语文		
数学		
英语		

看电视、
看短视频

不紧急

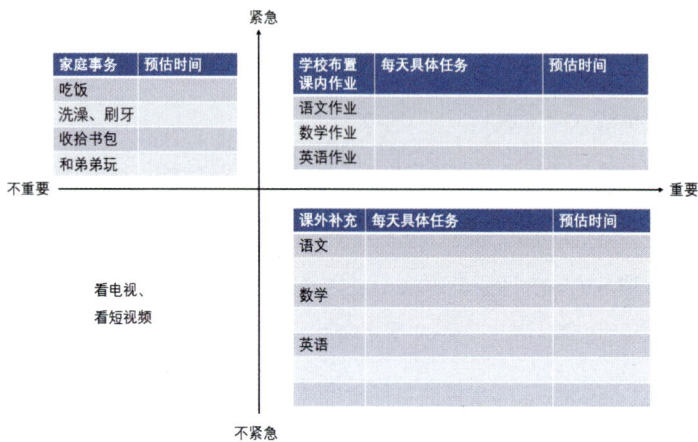

这里我以我女儿每周一到周五下午放学后需要完成的事情为例，给大家提供一个参考，具体的任务清单如下面这张截图所示。你们也可以直接拿出一张白纸，与孩子一起写出来。

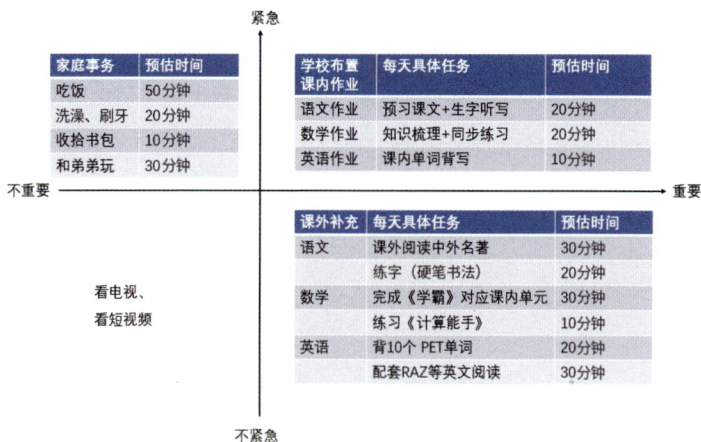

紧急

家庭事务	预估时间
吃饭	50分钟
洗澡、刷牙	20分钟
收拾书包	10分钟
和弟弟玩	30分钟

学校布置课内作业	每天具体任务	预估时间
语文作业	预习课文+生字听写	20分钟
数学作业	知识梳理+同步练习	20分钟
英语作业	课内单词背写	10分钟

不重要 ——————————————→ 重要

课外补充	每天具体任务	预估时间
语文	课外阅读中外名著	30分钟
	练字（硬笔书法）	20分钟
数学	完成《学霸》对应课内单元	30分钟
	练习《计算能手》	10分钟
英语	背10个 PET单词	20分钟
	配套RAZ等英文阅读	30分钟

看电视、
看短视频

不紧急

（解释说明：由于截图中的表格反映的是学习计划安排，因此诸如吃饭、洗澡之类每天必须完成的家庭事务被列在了紧急一列。相较于学习任务，它们属于不重要的事项。）

二、告诉 AI 孩子的可用时间（作息时间）

在让 AI 帮孩子制订计划之前，除了要明确具体的任务，还需要告诉 AI，孩子每天的可用时间有哪些。

家长在给 AI 提供参考之前，需要先仔细观察和计算孩子每天做各种事情需要花费的时间，做到心中有数。同时，最好与孩子一起商量并确定一个合理的时间范围，这样既能保证计划的可行性，又能让孩子更愿意配合执行。因此，家长可以先细心观察一两次，看看孩子目前每天的时间都花费在哪里，以便更准确地确定可用时间。**本章所讲的学习计划主要针对孩子下午放学之后的时间来制订**（家长也可以和孩子一起制订一下周末的计划，我们将此留作练习）。

例如，针对我女儿每天下午放学后的时间安排，我会和她一起先整理出她的可用时间。

(1) 下午 4:30 放学，路上在爸爸的车里睡一会儿，保证回家有充沛的精力。5:15 到家。

（2）5:20~6:10 是吃饭时间。

（3）6:10~9:30 是可以用来学习、完成家庭事务（如洗澡、刷牙等）的时间。

（4）晚上 9:30 上床睡觉。

三、让 AI 帮孩子估算完成任务需要的时间与可用时间是否匹配

正如前文所述，导致制订的计划无法完成的主要原因在于：时间表填得很满，计划虽然看起来很详细，但时间安排过于死板、内容安排过于丰富，以致完全没有完成的可能性。以刚刚列出的我女儿的那份任务清单为例，如果每天晚上都要完成，那么她可能连睡觉的时间都没有了。这个时候，我们就需要请 AI 来帮孩子预估完成任务清单的时间与每天晚上的可用时间是否匹配，如果不匹配，则需要 AI 给出一定的调整建议。于是，我们可以像下面这样做。

第一步，上传任务清单图片，让 DeepSeek 估算完成任务所需要的时间。可以输入提示词：“我是一名四年级的小学生，图（刚刚列出的那份任务清单）中是我每天要完成的任务，你帮我计算一下，每天完成这些任务大概需要多长时间。”

以下是 DeepSeek 给出的回复。

根据图片中的任务安排，我帮你详细计算了总时间。

1. 家庭事务板块（共 110 分钟）
   - 吃饭（50 分钟）
   - 洗澡、刷牙（20 分钟）
   - 收拾书包（10 分钟）
   - 和弟弟玩（30 分钟）

2. 学校布置课内作业板块（共 50 分钟）
   - 语文作业（20 分钟）
   - 数学作业（20 分钟）
   - 英语作业（10 分钟）

3. 课外补充板块（共 140 分钟）
   - 语文：名著阅读 + 练字（30+20=50 分钟）
   - 数学：《学霸》练习 + 计算练习（30+10=40 分钟）
   - 英语：背 PET 单词 + RAZ 阅读（20+30=50 分钟）

🔥 总计需要 110+50+140=300 分钟（5 小时）

小提醒：
   - 实际完成时间可能因专注度浮动；
   - 注意劳逸结合，建议每 45 分钟休息 5 分钟；
   - 若时间紧张，可优先完成带"紧急"标签的任务（如学校作业）。

需要帮你优化时间安排吗？比如合并碎片任务或调整任务顺序？

DeepSeek 算出了每天晚上我女儿要完成所有这些事情所需要的时间。天啊，居然长达 5 小时！当然，这 5 小时包括吃饭、刷牙、洗澡、陪弟弟玩等时间。不过，我觉得时间还是太长了。

第二步，告诉 DeepSeek 孩子每天晚上的可用时间。 家长和孩子可以进行初步计算，如果可用时间与任务清单时间一致，那么可以直接跳到下一步制订计划的操作。但大多数情况是孩子要做的事情太多，而可用的时间又太少，两者并不匹配。这个时候，我们就要请出 DeepSeek 来帮忙，看看它能提供什么建议。

例如，在上面的例子中，如果任务清单中的内容都要完成，那么我女儿每天晚上就要花费 5 小时的时间，这与她的可用时间比起来，实在是太多了。她每天 5:15 到家，9:30 睡觉，晚上的可用时间也就 4 个多小时。

经过和女儿初步协商，她主动提出要在学校抓紧时间完成课内作业，同时，可以利用早上坐地铁的 25 分钟背单词，这样调整后，晚上能腾出一个多小时，她就能陪弟弟玩了。但即便这样，时间还是不够，那该怎么办呢？我们来问问 DeepSeek 的建议。当然，如果孩子不愿意在地铁上背单词，我们也不必勉强。作为家长，我们应当充分尊重孩子的自主选择权——无论是读书、听音乐，或是其他合理的休闲活动，都应给予理解和支持。

我们可以这样输入提示词："下面是我女儿每天放学后的时间安排表（上传前面给出的时间列表）。经过计算，女儿晚上只有 4 个多小时的时间可以用于完成任务，要完成上述 5 小时的任务实在是不可能的。我们商量，可以利用早上坐地铁的 25 分钟背单词，同时，在白天上学的时候，抓紧时间完成全部学校作业。但即便这样，晚上的时间还是不太够用，你有什么建议吗？（比如压缩哪个任务的时间？）或者，将语文和英语的阅读调整为隔天进行（考虑到周四晚上有英语课，比如可以在周一、周三、周五进行语文阅读，在周二、周四、周六进行英语阅读）？"

我们来看一下 DeepSeek 的回答。

根据时间安排和任务特点，我建议通过"优先排序＋任务重组＋碎片利用" 3 个维度优化，具体方案如下。

1. 核心矛盾定位

总任务量：300 分钟（5 小时）

可用时间：3 小时 20 分钟（5:20~9:30，扣除吃饭后的 200 分钟）

缺口：100 分钟

2. 分级优化策略（按任务重要性排序）

(1) **必保留任务**（170 分钟）

- ✅ 吃饭＋洗澡、刷牙（50+20=70 分钟）→ 健康基础
- ✅ 学校作业（已转移至白天在学校完成）→ 核心学业
- ✅ 背单词（已转移至早晨坐地铁时完成）→ 关键积累

(2) **可优化任务**（优先保留项目）

- **语文**：名著阅读＋练字（50 分钟→ 40 分钟）
  - 名著阅读缩至 25 分钟（用"三色笔法"：红笔划好词 / 蓝笔标疑问 / 黑笔记感悟）
  - 练字缩至 15 分钟（专注"易错字集中练"）
- **数学**：《学霸》练习＋计算练习（40 分钟→ 30 分钟）

    ◦《学霸》练习缩至 25 分钟（主攻错题对应模块）

    ◦ 计算练习缩至 5 分钟（用 "定时速算" App 替代纸质）

- **英语**：RAZ 阅读（30 分钟→20 分钟）

    ◦ 采用 "听力先行" 策略：上学路上先听当天要读的 RAZ 音频

(3) 弹性任务（建议调整形式）

- 和弟弟玩（30 分钟→20 分钟）→ 改为 "学习型游戏"，比如成语接龙 / 英语单词比拼

- 看电视 / 短视频（建议周末集中观看）→ 平时改听《凯叔讲故事》等音频

3. 时间重组方案

6:10~6:30 弹性任务（洗澡、刷牙 + 收拾书包 + 和弟弟玩）

6:30~7:10 语文强化（25 分钟名著阅读 + 15 分钟练字）→ 书桌设置沙漏增强时间感

7:15~7:45 数学攻坚（25 分钟《学霸》练习 + 5 分钟速算）→ 用错题本减少重复劳动

7:50~8:10 英语阅读（20 分钟 RAZ 阅读）→ 结合早上的听力预热

8:15~8:30 自由缓冲（预留 15 分钟处理突发情况）

剩余时间 → 睡前亲子阅读（替代自主阅读）

4. 周期优化建议

- 🀫 **阅读轮替制**：周一、周三、周五进行语文阅读→ 周二、周四、周六进行英语阅读（周日自由选择）

- 🔄 **周任务包机制**：将《学霸》练习拆解为 "预习日（20 分钟）+ 巩固日（25 分钟）+ 冲刺日（15 分钟）"

- 🎧 **碎片利用升级**：洗澡、刷牙时听《小学生必背古诗》音频，收拾书包时复习单词卡

5. 效果监测建议

(1) 准备"星星贴纸墙"：每节约 10 分钟可贴一颗星，满 20 颗兑换小奖励

(2) 每周日开"家庭复盘会"：用"笑脸 / 平脸 / 哭脸"贴纸标注任务难度

(3) 每月制作"时间花瓣图"：直观展示各科用时分布

这样调整后，每日净节约时间可达 90~110 分钟，既能保证学习质量，又留有弹性空间。关键是要让孩子参与优化过程，比如让她自己选择先做数学还是英语，增强时间管理主动性。

哇！ DeepSeek 给出的方案太赞了。它不仅为孩子做了时间矛盾分析，还帮孩子压缩了不重要且非紧急的家庭事务时间，并在最后给出了一个时间重组方案。在输入提示词的时候，我并没有要求它列出时间表，但它超额且努力地完成了任务。

四、让 AI 帮孩子制订学习计划表

不过，当我仔细查看 DeepSeek 给出的下面这份时间重组方案的时候，还是发现了一些问题。

6:10~6:30 弹性任务（洗澡、刷牙＋收拾书包＋和弟弟玩）
6:30~7:10 语文强化（25 分钟名著阅读＋15 分钟练字）→ 书桌设置沙漏增强时间感

7:15~7:45 数学攻坚（25 分钟《学霸》练习 + 5 分钟速算）→ 用错题本减少重复劳动

7:50~8:10 英语阅读（20 分钟 RAZ 阅读）→ 结合早上的听力预热

8:15~8:30 自由缓冲（预留 15 分钟处理突发情况）

剩余时间 → 睡前亲子阅读（替代自主阅读）

例如，它把"洗澡、刷牙 + 收拾书包 + 和弟弟玩"的时间压缩到了 20 分钟，要知道，对孩子来说，这么短的时间根本不可能完成这些任务。另外，DeepSeek 在安排学习计划时，还把其他科目的学习时间也都进行了压缩。因此，我们仍需要对计划做一些调整。在调整学习计划表的时候，需要注意一些基本原则。首先，要遵循分块和间隔的原则，这是从脑科学角度出发帮助孩子提取记忆的高效学习方法。其次，要明确告诉 DeepSeek 孩子的年龄，然后根据番茄工作法原则，科学地安排分段学习的最长时间，保证孩子在一段时间内全神贯注，将注意力高度集中在学习任务上。再次，还要给孩子安排好休息时间，比如明确规定每学完一段时间，就安排相应时长的休息。这样做的目的是让孩子的学习有张有弛，避免大脑因长时间学习而感到疲惫不堪，从而使整个学习过程富有节奏感。最后，还要考虑留出一定的冗余时间，以便从容应对各种突发情况（比如有时候可能需要对作业进行改错，或者某天晚上作业难度较大，未能在规定时间内完成等）。

根据这些原则和孩子的个性化需求，我们可以继续向 DeepSeek

提出要求，让它帮我们制订计划表。我们可以输入以下提示词：
"请不要压缩课外补充的语文、数学和英语的学习时间，然后把洗澡、刷牙、收拾书包以及和弟弟玩的时间（可适当压缩）填充到学科学习的学习间隙，以便孩子能够在 9:30 前完成所有任务，按时睡觉。基于此，请帮我列出一张学习时间规划表。"

　　下面是 DeepSeek 的回答。

根据你的要求，在不压缩课外学习时间的前提下，结合时间利用率最大化原则，现设计如下（全任务保留版）时间规划表。

压缩后家庭事务（包括吃饭）总时长（110 分钟→ 90 分钟）

任务	原时长	新时长	压缩方法
洗澡、刷牙	20 分钟	15 分钟	洗澡时播放英语音频同步记忆
收拾书包	10 分钟	5 分钟	睡前用"5S 整理法"快速完成
和弟弟玩	30 分钟	20 分钟	改为"学习陪伴式游戏"
弹性释放	—	20 分钟	通过科学穿插实现时间增益

晚间时间规划表（5:20~9:30）

时间段	任务安排	用时	增效技巧
5:20~6:10	晚餐 + 自由活动	50 分钟	播放《中华诗词大会》背景音乐
6:10~6:30	弹性过渡期	20 分钟	包含收拾餐桌等家庭事务
6:30~7:20	语文强化 • 名著阅读（30 分钟） • 练字（20 分钟）	50 分钟	→阅读 + 练字交替进行 用三色标签标注重点段落 专注写当天语文课生词

（续）

时间段	任务安排	用时	增效技巧
7:20~7:25	收拾书包（压缩版）	5 分钟	按"课本 - 作业 - 文具"三步检查
7:25~8:05	数学攻坚 •《学霸》核心题（25 分钟） • 计算冲刺（15 分钟）	40 分钟	→分层突破策略 用错题打印机快速整理 使用计时器提升速度
8:05~8:25	和弟弟玩（压缩版）	20 分钟	玩"24 点"数学卡牌游戏
8:25~8:55	英语提升 • PET 单词速记（15 分钟） • RAZ 阅读（15 分钟）	30 分钟	→输入与输出结合 用"词根记忆法"高效背单词 重点朗读标星段落
8:55~9:10	洗澡、刷牙（压缩版）	15 分钟	同步听《新概念英语》音频
9:10~9:30	睡前准备 + 弹性缓存	20 分钟	亲子复盘当日学习亮点

关键设计原理

1. **三明治学习法**：每一段学科学习后插入家庭事务作为"认知休息期"
   • 语文（50 分钟）→ 收拾书包（5 分钟）
   • 数学（40 分钟）→ 和弟弟玩（20 分钟）
   • 英语（30 分钟）→ 洗澡、刷牙（15 分钟）

2. **碎片时间融合术**：
   • 洗澡、刷牙时用防水蓝牙音箱播放学习音频（每日多获取 15 分钟的隐形学习时间）

- 和弟弟玩与学科相关的游戏（玩中学，学中玩）

3. 动态优先级调整：

- 每周二或周四增加 5 分钟英语学习时间（配合课外班进度）
- 每周五设为"弹性释放日"，将 20 分钟和弟弟玩的时间改为自由活动

效果保障措施

1. 视觉化进度管理：

```
# 伪代码示例：学习进度跟踪
tasks = {"语文阅读":30, "数学学霸":25, "英语单词":15}
# 单位：分钟
completed = {task:0 for task in tasks}
while sum(completed.values()) < sum(tasks.values()):
    for task in tasks:
        if completed[task] < tasks[task]:
            study(task, remaining=tasks[task]-completed[task])
            completed[task] = tasks[task]
            break
print("当日任务全达成！")
```

2. 高频正反馈机制：

每完成一个任务板块，在计划表上贴一张荧光贴纸
累计 10 张贴纸可兑换"15 分钟自由支配权"

3. 生理节律适配：

数学攻坚安排在 7:25（大脑逻辑思维高峰期）
英语提升放在 8:25（语言记忆黄金时段）

该方案通过精细化任务拆解和人体工学设计，既保证了学习质量，又留有情感交流空间。建议试行一周后根据实际效果微调，重点观察孩子在这些时间段的精神状态和任务完成度。

看完 DeepSeek 的回答，我着实被震撼到了，由衷地觉得它太卷、太拼了，颇有"海淀妈妈"的风范。除了吃饭时间要让女儿听《中华诗词大会》的背景音乐，和弟弟玩时要玩"24 点"数学卡牌游戏，连洗澡、刷牙时都要同步听《新概念英语》。不过，我能理解它的好意，它希望孩子能够充分地把碎片时间利用起来，毕竟每一分每一秒对学习来说都弥足珍贵。而且，它还根据孩子学习不同科目时脑力高峰期的特点，将不同科目的学习安排在了晚上比较合适的时间段。于是，我便和女儿一起，把这张时间规划表复制了下来。然后，女儿又根据自己的想法在 Word 中进行了修改，比如吃饭的时候和妈妈聊学校发生的事情，和弟弟玩时在家里踢球，至于洗澡、刷牙的时候，可以打开"得到"App，听一节音频课。

通过以上 4 个步骤引导孩子与 AI 展开持续且深入的沟通互动，最终便能得到一份既符合孩子需求，又具备高度可执行性且能够切实落地的学习计划。

但是，我知道家长们还有一个普遍关心的问题：如果孩子的专注力不够，总是容易走神、磨蹭或拖延时间，表面上看坐在书桌前学习了两小时，但实际有效的学习时间可能不到半小时，这该怎么办呢？我们不妨也将这个问题提交给 DeepSeek，向它请教一下解决方案吧。

我们可以输入提示词："根据上面的计划表，如果孩子的专注力不够，总是容易走神、磨蹭或拖延时间，表面上看坐在书桌前学习

了两小时，但实际有效的学习时间可能不到半小时，这是什么原因
造成的？有什么解决方案吗？"

　　DeepSeek 给出了如下答案。

根据任务计划表和专注力问题表现，从心理学和教育学角度分析原
因，提出以下解决方案。

一、专注力流失的三大核心原因

1. 任务密度失衡

- 🔺 **问题定位**：计划表显示每天需处理 11 项任务（三大类），
平均每 25 分钟切换一次任务类型

- 📊 **认知负荷**：任务切换时前额叶皮层需要重新激活相关脑区，
消耗额外 13% 的认知资源（哈佛大学研究数据）

2. 动机系统缺位

- 🎯 **驱动力断层**：重要任务（如《学霸》练习）缺乏即时反馈
机制，大脑多巴胺分泌不足

- ⏳ **拖延诱因**：50 分钟吃饭等非结构化时间，易产生"时间感知
失真"

3. 环境干扰阈值过低

- 📵 **干扰清单**：计划表中"看电视、看短视频"作为待办事项，
形成潜在诱惑锚点

- 🧠 **神经抑制不足**：儿童大脑前额叶发育未完善，抗干扰能力
仅为成人的 60%（神经科学实验结论）

二、四维干预方案

▶ **维度 1：任务重构（神经可塑性原理）**

\# 原任务结构

语文作业（20 分钟）→ 数学作业（20 分钟）→ 英语作业（10 分钟）→ 名著阅读（30 分钟）……

\# 优化方案（穿插式学习周期）

"冲锋单元" 25 分钟 = 学科任务（15 分钟）+ 生活事务（10 分钟）

示例：

5:30~5:55 □ 语文作业 15 分钟 → 收拾书桌 10 分钟

6:00~6:25 □ 数学练习 15 分钟 → 给植物浇水 10 分钟

▶ **维度 2：认知激励系统**

- 🏆 **成就可视化**：使用"乐高进度塔"，每完成 15 分钟有效学习可加一块积木

- 💎 **即时反馈**：设置"钻石分钟"机制，专注时间内每 5 分钟可获得一颗虚拟钻石

- 🎮 **游戏化改造**：将《学霸》练习变成"知识闯关"，设置 BOSS 关卡（错题突破）

▶ **维度 3：环境重塑技术**

- 🧭 **空间分区**：建立像下图这样的"三区两边界"

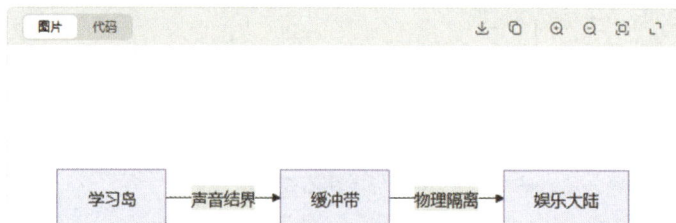

- 📶 **信号管理**：使用智能插座定时切断电视电源（6:00~9:00 强制断电）
- 👀 **视觉锚点**：在学习区悬挂"专注力雷达图"，实时标注当前注意力水平

▶ **维度 4：生理节律适配**

- 🧠 **脑波调控**：在任务开始前进行两分钟"α 波诱导训练"（闭眼想象成功完成任务的场景）
- 🕐 **黄金时段利用**：将最难的任务安排在 6:30~7:10（儿童记忆高峰期）进行
- 🧘 **微休息机制**：每 15 分钟进行 30 秒"手掌按压太阳穴 + 深呼吸"的神经重置练习

三、可立即实施的工具包

1. "番茄乌龟"计时法

- 🐢 **绿色乌龟计时器**：代表专注时段（15 分钟）
- 🐰 **红色兔子计时器**：代表事务时段（10 分钟）
- 每完成 3 个"龟兔周期"可获得星星贴纸

2. 干扰收纳盒

- 🖐 准备"想法暂存盒"，学习过程中产生无关念头时立即写在纸条上并投入盒中
- 📅 每晚 9:15 开启盒子，用 5 分钟处理这些想法

3. 任务卡牌系统（参见下图）

卡牌类型	使用方式	认知收益
🏳 冲锋卡	启动困难时使用，获得5分钟"预热保护"	降低任务启动焦虑
🔋 连击卡	连续2个专注周期后激活效率提升20%	强化心流状态持续性
🎭 变身卡	角色扮演（如"数字小侦探"）	增强任务代入感

四、关键数据监测点

1. **有效学习率** = 实际专注时间 / 表面学习时间 ×100%（目标值：大于或等于 65%）

2. **任务切换损耗** = 任务准备时间 / 总学习时间 ×100%（警戒值：大于 15%）

3. **多巴胺峰值间隔**：两次获得成就感的时间差（理想值：小于 40 分钟）

建议先试行"工具包＋四维方案"两周，配合简单的数据记录（可用沙漏＋便笺纸记录），然后根据孩子的适应性进行调整。记住，专注力培养如同肌肉训练，需要循序渐进地增加认知负荷。

DeepSeek 为我们分析了问题的核心原因，指出诸如任务密度失衡、动机系统缺位、环境干扰阈值过低等关键因素，并针对性地提出了一系列解决方案，包括任务重构策略、认知激励系统设计、环境重塑技术应用、生理节律的科学调配等。同时，它还为我们准备了具体的工具包，包括番茄乌龟、干扰收纳盒、任务卡牌系统等。

我特意带女儿亲身体验了"干扰收纳盒"这个方法，效果出乎意料——非常好。以往她写作业时，经常突然想到什么，就兴冲冲地跑来和我分享，学习节奏总被打乱。后来，我在她书桌旁放了一个笔记本作为"想法暂存盒"，并和她约定：每当学习时想起什么，就先用简单的语言写下来，告诉自己"待会儿再和妈妈聊"，然后继续专注于作业。现在，每次阶段性学习任务完成后，她都会拿着小本子跑来和我叽叽喳喳分享。这样一来，不仅她的学习效率提升了，而我也拥有了更完整的时间来处理自己的工作。

除了使用"干扰收纳盒",我还综合 DeepSeek 给出的答案,在很多小细节上和女儿做了尝试。例如,在学习前,先把书桌收拾干净——她原本的桌面堆满了奥特曼橡皮人偶、零食和各种小玩具,写作业时总忍不住分心。于是,我帮她清理了桌面,只留下学习必需的文具和图书。同时,我还在她书桌旁边贴了我们一起制作的那张学习计划表,提醒她当天的任务每完成一项就打一个对钩,这种小小的仪式感让她特别有成就感。

为了帮助女儿更好地管理学习时间,我还给她准备了一个计时器。我们采用类似番茄工作法的方式:根据任务难度,每次学习设定 25~40 分钟(这个时长很适合四年级小朋友的注意力集中时间)。在这段时间里,我会尽量避免打扰她。完成一个任务后,她可以享受 5 分钟的休息时间——喝喝水、活动活动身体等。然后再开始下一个"番茄时间"。如果在学习过程中突然想到其他事情,就按我们之前的方法,先记在"干扰收纳盒"里,等休息时间再处理。

希望各位家长能带着小朋友,按照本章提到的方案,利用 AI 来和孩子一起制订周末学习计划。期待你们的分享。

第 11 章

孩子拒绝沟通，如何用 AI 进行情绪疏导

豆包 × 树洞倾诉法

让 AI 成为孩子的情绪解压站

本章提要

- 通过对话主动发现情绪问题
- 孩子如何通过角色扮演模拟场景进行训练
- 家长怎么用 AI 化解亲子冲突
- AI 在情绪疏导中的风险防范

　　小学生的情绪问题在不同年级阶段存在一定的差异，低年级主要表现为环境适应性问题，中高年级则表现为学习压力、同学关系和自我意识的发展问题。

　　低年级（一二年级）：分离焦虑较为常见，孩子可能会因为第一次离开父母进入学校而感到不安，具体表现为哭闹、抗拒上学等。**中年级（三四年级）**：学习压力逐渐显现，孩子可能会出现对学习任务的抵触情绪，具体表现为作业拖延、对考试感到紧张等。与此同时，同学关系的重要性凸显，社交中的冲突事件（如被同学误解或排斥）极易引发挫败感，导致情绪低落或焦虑。**高年级（五六年级）**：自我意识的强烈发展可能会使孩子在遭遇挫折（如成绩不理想）时过度自责，从而导致自尊心受损。与此同时，社交需求和对同学评价的敏感度增加，有些孩子甚至害怕和同龄人交流，选择将自己封闭起来，转而投向电子设备的怀抱，久而久之，便对电子设备产生了强烈的依赖。

　　在应对小学生情绪问题时，传统解决方案通常包括家庭沟通、心理咨询、学校干预、兴趣转移，或者是引导孩子参与体育、艺术等活动。然而，传统解决方案也存在一定的局限性。一方面，家长和教师往往因时间、精力有限，难以持续关注孩子的情绪变化，并且他们中的大多数人并不具备专业的心理干预技巧。另一方面，孩子可能会出于羞耻感或害怕被误解而隐藏真实情绪，从而导致问题难以被及时发现和解决。那么，这些问题现在是否可以通过 AI 技术有效地解决呢？

在正式开始本章内容之前，我一定要提醒你：本章所探讨的方法和工具仅针对浅层焦虑或者轻度情绪问题，比如学习压力较大、与同学关系紧张、亲子关系出现冲突等日常困扰。如果孩子有较强的自我伤害倾向，一定要及时就医。

本书中提到的 AI 工具（如豆包、DeepSeek 等）都是在手机上就能下载、打开即用的大模型，不需要本地部署、API 调用或智能体开发，也不涉及第三方付费软件、应用。我希望用最简单、最易获取的工具就能帮你高效解决问题。

在本章的应用场景中，我特别推荐豆包这款 AI 工具。它在孩子情绪疏导方面展现出了独特的优势，而这主要得益于其出色的互动性。孩子可以直接通过语音输入与豆包交流，这种便捷的交互方式极大地降低了他们使用工具的门槛。对情绪敏感的孩子来说，豆包就像一个不会随意评判他们的"朋友"，能够倾听他们的烦恼、理解他们的感受，并给予温暖的回应。这种无压力的交流环境，有助于孩子打开心扉，表达内心的真实想法和情绪。

一、通过对话主动发现情绪问题

现在的小学生学习压力其实还挺大的。我曾接触过一个典型案例，这个孩子除了日常课业，还要学习奥数、参加各种各样的杯赛，沉重的学业负担让他喘不过气来。但是，这个内向的孩子既不愿向父母倾诉，也不敢和同学分享，最终竟在淘宝上通过怒骂 AI 客服来宣泄情绪。当父母意外发现这个情况时，既震惊又心疼。我们共同探讨，并借鉴心理学和教育学的专业知识，为孩子量身打造了一个"AI 树洞"。

当孩子遇到问题时，作为家长，我们首先要鼓励孩子与我们沟通，但同时也要理解：每个孩子的性格和表达方式各不相同——有的可能因为害羞而不愿意开口，有的可能担心被批评而选择沉默。这个时候，对家长来说，最忌讳的就是陷入焦虑，反复纠结"为什么孩子不肯向我袒露心声"。与其着急质问，不如保持耐心，以开放包容的态度引导孩子找到适合自己的倾诉口——可以是好朋友，也可以是"AI 树洞"。

如果将 AI 视作情绪疏导的渠道，那么我们首先要向孩子解释清楚像豆包这样的 AI 工具的作用，强调它是一个比较安全的倾诉对象，可以帮助他们疏解情绪，并且绝不会掺杂丝毫评判之意。与此同时，要明确地告诉孩子，他们与 AI 的每一场对话都是私密的，我们不会偷看他们的聊天记录，因为只有这样，孩子才更愿意敞开心扉。

在使用时，家长要先做示范，让孩子看到 AI 的友好性和实用性。这里有一点需要注意：使用 AI 前，需提醒孩子，一定要保护好自己的隐私，不要随便透露姓名、学校、家庭住址等重要信息。这些小秘密，千万要好好守护。大模型很聪明，即使不了解这些信息，它也会用其他方式帮助孩子。

例如，我们可以教孩子像下面这样与豆包沟通。

(1) 今天在学校，因为上课说话，老师批评我了，我好难过。

(2) 今天有个同学抢了我的东西，我被欺负了，可是我不敢反抗，我该怎么办？

(3) 今天考试我没考好，很多不该错的题做错了，成绩仅为 B，我很难受，也害怕家长会批评我，我该怎么办？

(4) 今天我们出去研学，大家在一起吃饭时，一个小朋友不让我加入他们组，我被排挤了，但是其他组的小朋友对我很好，最终我选择和其他小朋友一起吃饭。不过，我还是很不开心，为什么那个小朋友不让我和他们一起吃饭呢？

通过这些问题，孩子可能在与豆包的沟通中就会逐渐解开心结。这里我想再次提醒：如果孩子明确表示不想让家长知道聊天内容，那你一定要尊重孩子的隐私，不要去看孩子与豆包的聊天记录。

但是，大家要注意，就像我在本章开头说过的，这样做只针对浅层焦虑或轻度情绪问题，如果孩子情绪问题比较严重，那么家长就要进行干预。同时，家长可以通过日常观察，从孩子的情绪状态、行为表现等细微变化中获取重要信息。如果孩子的情绪有所改善，那么说明 AI 的陪伴可能起到了积极作用；如果孩子的情绪问题持续或加重，那么家长可以考虑进一步介入。

另外，这也是需要 AI 方面专业人员的原因。现在的大模型虽然在基础对话方面表现出色，但在情绪调节方面仍存在明显局限。我们也希望，通过本书的探讨，可以让更多的从业者关注到这一特殊需求：是否可以开发一种功能，在充分保护孩子隐私的前提下，让 AI 每周生成一份情绪分析报告发送给家长作为参考？这份报告可以包含孩子的情绪趋势、常见的困扰主题等，但不会涉及具体对话内容。或者，是否可以在 AI 平台上为家长设置一个专门的端口？通过这个端口，家长可以查看孩子的情绪分析报告，但无法获取具体的聊天记录，从而在尊重隐私的前提下了解孩子的情绪状态。

二、孩子如何通过角色扮演模拟场景进行训练

AI 可以通过模拟各种真实场景，帮助孩子提前应对可能遇到的压力和挑战，从而疏解紧张情绪，增强心理韧性。这种角色扮演和预演的方式，不仅能让孩子在安全的环境中练习应对策略，还能通过 AI 的反馈来优化他们的反应方式。

我观察到，在当今校园环境中，孩子面临的压力，不只来源于学习本身，更延伸至各类校园活动，特别是演讲分享类需要当众表现的场景。这些展示机会对孩子而言犹如一把双刃剑：一方面，这是展示个人才艺的极好机会，因此孩子会特别重视；另一方面，因为关注的人多，台下观众的细微反馈，都可能直接影响孩子后续的自信心。

下面我给大家列举几个预演压力事件示例。

(1) 演讲练习

- 输入："明天我要上台演讲，我感觉很紧张，你能扮演观众问我问题吗？"

- AI 模拟提问："你刚才提到的那个观点，能再详细解释一下吗？"

- 孩子练习应对："当然可以，这个观点主要是……"

- AI 反馈："你的回答很流畅，但可以尝试更自信的表达，比如加上一些手势和眼神交流。这样能更好地吸引观众的注意力。"

(2) 面试练习

- 输入："下周我要参加学校的社团面试，你能扮演面试官问我问题吗？"

- AI 模拟提问："你为什么想加入我们社团？"

- 孩子练习应对："因为我对这个领域很感兴趣，而且我相信我可以为社团带来新的想法。"

- AI 反馈："你的回答很积极，但可以尝试更具体地说明你的优势，比如'我之前在……方面有经验，我相信我可以为社团带来……'"

(3) 比赛准备

- **输入**："下周我要参加学校的演讲比赛，你能扮演评委问我问题吗？"

- **AI 模拟提问**："关于你在演讲中提到的那个案例，能说说你的感受吗？"

- **孩子练习应对**："当我听到这个案例时，我感到很震撼，因为它让我意识到……"

- **AI 反馈**："你的回答很真诚，但可以尝试更详细地描述你的感受，比如'我感到很震撼，因为它让我意识到……这让我更加……'"

(4) 社交活动

- **输入**："明天我要参加一个同学聚会，我很紧张，你能扮演同学问我问题吗？"

- **AI 模拟提问**："你最近在忙什么呢？"

- **孩子练习应对**："我最近在学习……挺有意思的。"

- **AI 反馈**："你的回答很自然，但可以尝试更主动地分享一些有趣的事情，比如'我最近在学习……我觉得特别有意思，你们有没有试过……'"

解决完压力，我们再来看看如何借助 AI 技术帮助孩子应对复杂的校园问题。下面我给大家列举几个角色扮演的示例。

(1) 应对校园霸凌

- 输入："现在你扮演一个经常欺负我的同学，我要练习怎么回应。"

- AI 模拟挑衅语言："嘿，你今天看起来很傻哦。"

- 孩子练习应对："你这样说很不礼貌，我不喜欢你这样。"

- AI 反馈："这种直接表达感受的方式很好，既不显软弱也不会激化矛盾。你还可以尝试用幽默的方式回应，比如'谢谢你的创意，下次可以再试试别的说法哦'。"

(2) 社交场合的尴尬

- 输入："现在你扮演一个让我尴尬的同学，我要练习怎么回应。"

- AI 模拟挑衅语言："你今天穿的衣服好丑啊。"

- 孩子练习应对："每个人都有自己喜欢的风格，我不介意你的看法。"

- AI 反馈："这种自信的回应很棒，既保护了自己的自尊，又避免了冲突。你还可以尝试转移话题，比如'对了，你昨天提到的那个游戏，我最近也在玩，超好玩！'"

(3) 课堂互动

- 输入："现在你扮演老师，我要练习回答问题。"

- **AI 模拟提问**："请你解释一下这个数学公式的意思。"
- **孩子练习应对**："这个公式是用来计算……"
- **AI 反馈**："你的回答很清晰，但可以尝试更详细的解释，这样能更好地展示你的理解能力。例如，你可以举一个实际的例子来说明。"

解决完校园问题，我们再将视角转向更为亲密的家庭环境。有些家庭，特别是在多子女家庭中，小朋友可能还需要处理孩子之间的冲突问题。来看一下下面这个角色扮演的示例。

家庭冲突

- **输入**："现在你扮演我的弟弟，我要练习当他抢我东西时怎么回应。"
- **AI 模拟挑衅语言**："这是我的玩具，你不能碰！"
- **孩子练习应对**："弟弟，我知道你喜欢这个玩具，但我现在正在用，等我用完了可以给你玩。"
- **AI 反馈**："这种协商的方式很好，既尊重了对方的感受，又维护了自己的权益。你还可以尝试用更温和的语气，比如'弟弟，我真的很喜欢这个玩具，你能等我用完吗？'"

通过对这些角色扮演和预演压力事件的练习，孩子不仅可以在安全的环境中锻炼应对能力，还能通过 AI 的反馈不断优化自己的反应方式，从而更好地应对现实生活中的各种挑战。

三、家长怎么用 AI 化解亲子冲突

在现代家庭中，亲子冲突是一个普遍存在的问题，而围绕手机使用产生的矛盾是其中最尖锐、最顽固的核心痛点。孩子沉迷手机、家长过度限制手机使用等问题，常常引发激烈的争吵和误解，甚至可能影响亲子关系的和谐。

这里我要提醒各位家长，当我们与孩子因手机使用问题陷入冲突时，我们往往只关注孩子的行为矫正，却忽略了自身也需要一场深刻的心理疗愈。AI 的出现，为这一问题的解决提供了非常好的思路。AI 不仅可以作为情绪的"冷却剂"，还能帮助双方更好地理解彼此的需求，甚至协助制定合理的规则，从而有效缓解亲子冲突，促进家庭和谐。

1. 冲突爆发时：AI 充当情绪冷却工具

当亲子冲突爆发时，情绪往往会迅速激化，导致双方无法理性沟通。AI 可以在这种情况下充当情绪冷却工具，帮助双方冷静下来，避免冲突进一步升级。具体操作如下。

- 输入："我刚才因为手机问题和孩子吵起来了，我觉得孩子每天就知道玩手机，不知道学习，我想没收他的手机，结果他死活不给，还和我大吵了一架，我现在特别生气。"

- AI 回应："你先消消气！和孩子发生这样的冲突，你肯定特别委屈又非常着急。孩子沉迷手机确实让人头疼，但没收手机这种方式容易激起孩子的逆反心理，咱们或许可以换种思路。在你家孩子这个年纪，手机可能不仅是娱乐工具，社交或查资料时也会用到。你有没有和孩子聊过，他每天用手机都做了些什么？可以试着心平气和地和孩子沟通，先听听他的想法，再一起制定使用规则，比如每天完成作业后能玩多久、周末适当延长时间等。这样既尊重孩子的自主性，也能帮他合理管理时间。咱们稳住情绪慢慢引导，说不定能找到更好的解决办法！"

通过 AI 的引导，家长的情绪能够逐渐得到平复，开始理性地讨论问题，思考双方都能接受的解决方案。

2. 冲突复盘期：AI 充当需求翻译工具

冲突过后，复盘是一个重要的环节，可以帮助双方更好地理解彼此的需求和感受。AI 可以在这个过程中充当"需求翻译工具"，帮助家长和孩子更好地理解对方的真实想法。具体操作如下。

- 输入："我和孩子因为手机问题吵了一架，他每天就知道玩手机，不知道学习，我想知道他到底在想什么？我担心过度使用手机会影响他的视力和学习，他能理解我的担心吗？他到底希望我怎么做呢？"

- AI 回应："先别太焦虑！对当下的孩子而言，手机早已超越了简单的通信工具属性——它既是娱乐窗口，也是探索世界、社交沟通的工具。这与你小时候的成长环境有着本质的差异。他现在抗拒，或许是觉得被限制自由，又或许是觉得没被理解背后的需求。

  其实孩子大概率是能感受到你的担心的，但直接冲突容易让情绪掩盖彼此的真实想法。你不妨找个轻松的时机（比如一起散步、吃饭时），先放下说教，真诚地问他：'最近看你总玩手机，是不是有什么有趣的东西呀？能不能和我分享分享？'先建立信任、打开话匣子，再慢慢引导他意识到过度使用手机的危害。

  孩子或许希望你能多些理解和尊重，比如不是简单粗暴地禁止，而是和他一起商量手机使用规则，规定学习、休息和娱乐的时间。希望你能多关注他除玩手机外的兴趣，陪他做些运动、玩玩桌游等。用温和的方式沟通，反而更有可能让孩子主动配合你的手机使用管理。"

通过 AI 的翻译工作，家长能更好地捕捉孩子的需求和感受，增进彼此的沟通和理解。

3. 预防冲突：AI 充当规则共创工具

预防冲突的最好方式是提前制定合理的规则。AI 可以在这个过程中充当"规则共创工具"，帮助家长和孩子一起制定关于手机使用的规则，确保双方都能接受和遵守。具体操作如下。

- 输入："我想和孩子一起制定一个关于手机使用的规则，比如每天使用手机的时间不超过一小时，主要用于学习和必要的社交。你能帮忙吗？"

- AI 回应："当然可以！以下是一个详细的手机使用规则模板，你可以根据孩子的年龄、学习情况和家庭实际需求调整。模板在最后还附上了沟通技巧和执行建议，以帮助你和孩子顺利落实。"

家庭手机使用规则（示例）

适用对象：[孩子年龄]
制定人：家长 + 孩子（共同讨论后签署）

1. 每日使用时间

(1) 平日：每天总使用时长不超过 1 小时，分时段使用（比如放学后 30 分钟或晚饭后 30 分钟）。

(2) **周末 / 假期**：每日可延长至 1.5 小时，需提前规划使用时段。

(3) **特殊情况**：若完成额外学习任务或表现优异，可协商增加 10~15 分钟奖励时间。

2. 使用场景与内容

(1) **主要用途**：

- 学习相关：查资料、在线课程、背单词等（优先使用）。
- 必要社交：与同学沟通作业、亲友联系（需提前告知家长联系人）。

(2) **限制内容**：

- 非学习类短视频、游戏、直播等需控制在每日总时长的 50% 以内。
- 禁止深夜（9:30 以后）使用手机，保证睡眠。

3. 管理与监督

(1) **时间提醒**：使用手机时开启倒计时，时间结束主动归还。

(2) **存放规则**：

- 学习期间手机放在客厅公共区域，避免干扰；
- 睡觉时手机统一放在家长房间，防止熬夜。

(3) **共同监督**：家长也需遵守规则，减少非必要的手机使用，树立榜样。

4. 违规处理

(1) **首次提醒**：超时或违反规则时，由家长提醒并记录。

(2) **重复违规**：累计两次扣减次日使用时间（如扣 15 分钟）。严重违规可暂停使用一天，双方沟通后恢复。

5. 规则修订

每两周进行一次家庭会议，根据执行情况调整规则，确保合理且可执行。

沟通与执行小贴士

(1) **平等沟通**：和孩子逐条讨论规则，尊重他的想法（比如他可能希望调整某类应用的使用时长）。

(2) **书面承诺**：将规则写在纸上，双方签字，增强仪式感和约束力。

(3) **正向激励**：遵守规则时及时表扬（比如周末奖励亲子活动），减少孩子的抵触情绪。

(4) **灵活调整**：若孩子主动遵守规则，可适当放宽限制；若执行困难，耐心分析原因，避免指责。

希望这份规则能帮你和孩子找到平衡。如果在执行过程中遇到问题，可以随时一起探讨优化办法。

　　通过 AI 的引导，家长和孩子共同制定了一个合理的手机使用规则，并且双方都愿意遵守，从而有效预防了冲突的发生。

　　通过以上 3 个阶段的 AI 介入，不仅可以有效化解亲子冲突，还能促进家庭关系的和谐发展。在冲突爆发时，AI 能够迅速冷却双方情绪，避免事态升级；在冲突复盘期，AI 可以帮助双方更好地理解彼此的需求和感受，增进沟通与理解；在预防冲突阶段，AI 可以协助共创合理规则，确保双方都能接受和遵守。这种全方位的介入方式，不仅能高效化解当下矛盾，还能从根源上预防冲突的再次发生，从而为家庭营造出一种更加温馨、充满理解与包容的和谐氛围。

四、AI 在情绪疏导中的风险防范

最后，也是最重要的，我们该以什么样的方式，去看待 AI 在情绪疏导中的风险？下面我先给大家讲两个故事。

第一个故事：2024 年 2 月，一名 14 岁的美国少年自杀后，他的母亲把他生前使用过的 AI 聊天应用告上了法庭。他的母亲认为，这名少年沉迷于和自己创建的 AI 角色聊天，很少与家人交流，当他向 AI 透露想自杀的念头时，AI 起到了推波助澜的作用。

看了这则消息，你是不是和我一样担心——孩子在使用 AI 的时候，AI 会不会在无形中给出错误的引导，甚至影响他们的价值观？为此，我针对豆包进行了多轮测试，模拟孩子表达自杀倾向时的场景。令人欣慰的是，豆包的回答既谨慎又充满关怀，看来国产大模型在价值观对齐方面已取得了一定成效。

第二个故事：甘肃省临洮县地处黄河上游第二大支流沿岸，狭长的河岸线导致当地屡发落水事件。为此，临洮县委托百度研发了国内首个防溺水 AI 模型。据说，该系统在 2023 年汛期（6~8 月）成功识别了两起轻生事件，从发现到联动警方完成救援仅用时十余分钟。

　　这个故事让我深刻感受到了科技的力量和温度。当科技被用于守护生命和安全时，它能发挥出巨大的正能量。我们应当积极引导"科技向善"，让更多的创新成果服务于社会，保护每一个需要帮助的人。科技的善用不仅能提升社会的安全感，还能传递出温暖与希望，为人类的福祉贡献力量。

　　本章探讨了如何用豆包辅助孩子进行情绪疏导。AI 虽是有力工具，但请记住，它只起到辅助作用，家长的陪伴和理解才是孩子成长的基石。如果发现孩子情绪异常，请家长果断介入。AI 只是雷达，家长才是守护者。让我们携手 AI，共同为孩子的心理健康保驾护航！

第 12 章

如何用 AI 完成高质量的调研和演讲报告

秘塔 AI × 文献综述法

加速科研知识普惠，
让教育更平权

本章提要

- 选题：用 AI 凝练科学问题
- 背景调研：用 AI 进行文献检索
- 文献阅读：用 AI 快速读文献
- 设计实验：让 AI 按照需求设计实验方案
- 数据处理：再也不用头疼不会使用 Excel 了
- 汇报工作：用 AI 制作 PPT 草稿

你家孩子是不是也经常冒出天马行空的问题？这些充满童趣的"为什么"背后，其实藏着宝贵的求知火花。在孩子好奇心最旺盛的时候，如果能巧妙地加以引导，就能让他把零散的问题变成一份有数据支撑、有实验验证的研究报告。

但是，研究性课题怎么做？如何让孩子把他的"十万个为什么"转化为可研究的科学问题？面对科学问题，如何查阅文献、做背景调研？了解背景后，如何做实验设计？完成实验后，面对海量数据，如何做分析处理？论文初稿写完后，找不到专业人士帮忙润色和修改怎么办？课题完成后，如何把研究成果变成一份逻辑清晰、生动易懂的可用来展示和汇报的 PPT？

仅听到这一连串的问题，你可能就已经开始头疼了。其实，孩子们面临的这些科研挑战，正是科学家在真实研究中会遇到的问题。而现在，借助 AI，我们可以帮助孩子高效突破每一个环节。下面我将以自然科学研究为例，从选题→背景调研→文献阅读→设计实验→数据处理→论文写作和润色→ PPT 汇报这几个环节来给大家展示一下，如何借助 AI 帮助孩子增速、提效。

在本章中，我们要用到的 AI 工具是秘塔 AI、智谱清言和 Kimi。这 3 款工具搭配在一起，能帮孩子更快、更好地完成研究工作，其中，秘塔 AI 和智谱清言是专注于学术研究领域的 AI 工具，堪称 ChatGPT Deep Research 和 Perplexity 优质平替——无需特殊网络环境，而且免费开放。

秘塔 AI 以强大的语言处理能力著称，能够精准地辅助学术阅读和写作，不仅能帮助研究人员快速生成高质量的论文草稿，还能提供文献整理、知识管理等服务。本章我们会用到它的文献整理和讲解功能。

智谱清言则注重对海量学术数据的深度挖掘与分析，为科研人员提供前沿的学术动态、趋势预测以及研究方向的建议，助力学术研究的高效推进，让科研工作更加得心应手。本章我们会用到它的数据处理功能。

至于 Kimi，大家应该已经很熟悉了，我们在前面的章节中早已介绍过，它擅长中英文对话，能够提供高效、准确的信息支持和语言交互服务。本章我们会用到它的语言交互、润色和 PPT 制作功能。

这 3 款 AI 工具都有网页版和手机 App 版，只需一个手机号就能快速注册，运行流畅不卡顿，界面设计对初学者非常友好。

一、选题

大部分家长应该有过这样的体验：孩子看到一个新事物时，立刻会化身"十万个为什么"问个不停，可是提问过后，却只能潦草收场，并没有真正地吸收为可应用的知识。这是因为，孩子的自发提问不等于可研究的科学问题。那么，如何把孩子的"为什么"转化为可研究的科学问题呢？这里我举一个我女儿的例子。

　　我女儿小时候看过大量的科普类绘本，她似乎天生对科学比较感兴趣。有一次我带她去江南地区旅行，她看到农民伯伯在田间插秧，就好奇地问："为什么不能直接在水田里培育水稻幼苗呢？"伯伯解释说幼苗太矮，会被水淹死。女儿又问："那是不是可以给幼苗施加'生长激素'，让它快速长高，避免被淹？如果让幼苗直接在水里长大，就不用插秧土培的过程了呀。"但伯伯表示从未试过。女儿听后来了兴致，问我能不能做实验探索一下。

　　看着女儿跃跃欲试的样子，我和她说这需要她将自己的问题提炼成科学问题。不过，对一个四年级的小朋友来说，这个要求似乎有点儿高。但别担心，我们不是还有 AI 这位好帮手吗？于是，我让她去问问 AI，该如何提炼科学问题。

　　她按我的要求把想表达的内容输入到了 Kimi 中："在一次我和家人在江南地区的旅行中，我看到了一个农民伯伯在田间插秧的过程。出于好奇，我询问了伯伯为何要进行插秧。伯伯解释说是因为水稻的幼苗需要先在土壤中生长一段时间，然后才能移植到水田里继续生长。我很好奇，问伯伯：'为什么不能直接在水田里培育水稻幼苗呢？'伯伯告诉我，如果直接在水田里培育，那么幼苗可能会被水淹死。'那为什么会被淹死呢？是因为幼苗不够高吗？'伯伯说因为种子发芽后形成的胚芽不够长，会被水田中的水没过，所以，就会被淹死。由此我想到，如果一个小朋友个子不够高，他可以通过打生长激素帮助长高，那是不是也可以给幼苗施加点儿'生长激素'呢？这样一来，它长高后就不怕水淹了呢。可是，伯伯说他从来没有试过这种办法。于是，我想尝试一下，亲自验证让幼苗快速长高后，是不是就不用土培移栽插秧的过程了。我想知道我的想法是不是靠谱。我想做实验验证，但妈妈说需要先提炼科学问题。我的科学问题应该是什么呢？应该如何提炼科学问题呢？"

虽然女儿的表述有点儿啰唆，但是她比较详细地表达出了自己的意思。Kimi 很耐心地回复了她。下面我们一起来看一下。

提炼科学问题是为了明确研究的核心目标，使实验更具针对性和可操作性。以下是关于如何提炼科学问题以及针对你的情况的建议。

1. 提炼科学问题的步骤
- **明确背景**：回顾你观察到的现象和已有的知识。例如，你观察到水稻幼苗需要先在土壤中生长，再移植到水田里，原因是幼苗太矮会被淹死。
- **聚焦问题**：从现象中找出关键的疑问点。例如，你提出了"能不能让幼苗快速长高，从而避免被淹"的想法。
- **简化表述**：用简洁明了的语言将问题表述出来，确保问题具体且可验证。

2. 你的科学问题
根据你的想法，可以将科学问题提炼为：**施加生长激素是否能让水稻幼苗在水田里快速长高，从而避免被淹？**

3. 进一步细化问题（可选）
如果想让实验更具体，还可以进一步细化为以下问题。

- **生长激素的种类和浓度**：不同种类和浓度的生长激素对幼苗生长的影响是否不同？
- **生长速度与存活率**：施加生长激素后，幼苗的生长速度是否会加快？存活率是否会提高？
- **环境因素的影响**：在水田环境中，施加生长激素的幼苗是否比未施加的幼苗更能适应水淹条件？

4. 实验设计建议

为了验证你的科学问题，可以设计一个简单的对比实验。

- **实验组**：在水田里种植一部分水稻幼苗，并施加一定浓度的生长激素。
- **对照组**：在水田里种植另一部分水稻幼苗，不施加生长激素。
- **观察指标**：记录两组幼苗的生长高度、存活率、生长速度等数据。

通过这样的实验设计，你可以更科学地验证你的想法是否靠谱。

大家觉得 Kimi 的回答怎么样？是不是还挺靠谱？

二、背景调研

仅有科学问题还不够，若要引导孩子深入研究一个课题，还需要让他了解这个问题的背景。在科学研究中，背景调研是至关重要的一步。通过阅读文献资料，我们可以了解自己想要解决的问题是否前人已经研究过、前人都完成了哪些工作，以及还有哪些尚未被研究到的领域。但对孩子来说，面对一个研究领域，就像面对一片汪洋大海，往往不知道从哪里开始寻找宝藏。这时候就要有策略地进行文献阅读工作。

首先，我们需要进入一个领域，对相关文献进行粗略扫描，以了解该领域的整体情况。这一步可以帮助我们快速把握研究方向和主要问题。接下来，我们需要精细地筛选出几篇与研究主题密切相关的重要文献。这些文献通常是该领域内的重量级文章，能够为我们提供核心的研究思路和方法。然后，沿着这些重要文献的脉络，一层层地寻找线索，梳理前人已经做过的工作，以及我们还可以进一步探索的方向。

检索文献的过程也可以请 AI 来帮忙，它能轻松跨越语言屏障，帮助检索中英文领域的相关研究资料。但是，如果想要做比较前沿的研究探索，那么最好在孩子的起步阶段就适当地引导他们接触像 *Nature*、*Science* 这种顶级期刊中的文章。例如，可以这样和 Kimi 说（注意，此时一定要打开联网模式）："你能帮我找几篇植物激素对水稻生长影响的文章吗？我想要近 3 年发表在 *Nature*、*Science* 和 *Cell* 上的文章，请帮我列出文章标题、作者、发表年份和期刊名称。"

这里稍微解释一下。对理科类的文章来说，*Nature* 和 *Science* 就是顶级期刊。但每个领域都有自己的顶级期刊，如果在中国做文、史、哲之类的研究，那么就要看本领域的核心期刊。至于具体是什么，大家也可以问问 AI，我就不再赘述了。

下面是 Kimi 的回复。

以下是近 3 年（2023 年 ~ 2025 年）发表在 *Cell* 和 *Nature*（及其子刊）上关于植物激素对水稻生长影响的文章。

文章标题	作者	发表年份	期刊名称
Regulatory mechanisms of strigolactone perception in rice	Qingliang Hu, Huihui Liu, Yajun He, Yanrong Hao, Jijun Yan, Simao Liu, Xiahe Huang, Zongyun Yan, Dahan Zhang, Xinwei Ban, Hao Zhang, Qianqian Li, Jingkun Zhang, Peiyong Xin, Yanhui Jing, Liquan Kou, Dajun Sang, Yonghong Wang, Yingchun Wang, Xiangbing Meng, Xiangdong Fu, Jinfang Chu, Bing Wang, Jiayang Li	2024 年	*Cell*
Fine-tuning gibberellin improves rice alkali-thermal tolerance and yield	Shuangqin Guo, Yaxin Chen, Yalin Ju, Chenyang Pan, Junxiang Shan, Wangwei Ye, Naiqian Dong, Yi Kan, Yibing Yang, Huaiyu Zhao, Hongxiao Yu, Ziqi Lu, Jiejie Lei, Ben Liao, Xiaorui Mu, Yingjie Cao, Liangxing Guo, Jin Gao, Jifu Zhou, Kaiyang Yang, Hongxuan Lin, Youshun Lin	2025 年	*Nature*

（续）

文章标题	作者	发表年份	期刊名称
Reducing brassinosteroid signalling enhances grain yield in semi-dwarf wheat	Long Song, Jie Liu, Zhongfu Ni	2023 年	*Nature*
A double-stranded RNA binding protein enhances drought resistance via protein phase separation in rice	Huaijun Wang, Tiantian Ye, Zilong Guo, Yilong Yao, Haifu Tu, Pengfei Wang, Yu Zhang, Yao Wang, Xiaokai Li, Bingchen Li, Haiyan Xiong, Xuelei Lai, Lizhong Xiong	2024 年	*Nature Communications*
Fertilization controls tiller numbers via transcriptional regulation of a MAX1-like gene in rice cultivation	Jinying Cui, Noriko Nishide, Kiyoshi Mashiguchi, Kana Kuroha, Masayuki Miya, Kazuhiko Sugimoto, Jun-Ichi Itoh, Shinjiro Yamaguchi, Takeshi Izawa	2023 年	*Nature Communications*
UDP-glucosyltransferase OsUGT75A promotes submergence tolerance during rice seed germination	Yongqi He, Shan Sun, Jia Zhao, Zhibo Huang, Liling Peng, Chengwei Huang, Zhengbin Tang, Qianqian Huang, Zhoufei Wang	2023 年	*Nature Communications*

　　看完 Kimi 的回复，你可能会说："这些全是英文文献，孩子怎么看啊？能看懂吗？"确实，对孩子来说，阅读专业文献可能会像

读天书一样困难，更别提还是全英文的了。不过，不用担心，我们可以借助一些智能化工具来帮他们更好地进行理解和分析。秘塔 AI 就是一款非常有用的工具，它可以为孩子们提供详细的阅读指导，帮助他们逐步深入理解文献内容。接下来，我将介绍如何用秘塔 AI 来帮助孩子详细地阅读一篇文献。

三、文献阅读

我们以前面 Kimi 推荐的一篇题为 "Regulatory mechanisms of strigolactone perception in rice" 的文献为例。这是李家洋院士团队发表在 *Cell* 上的有关水稻中独脚金内酯信号感知的实验研究，参见下图。

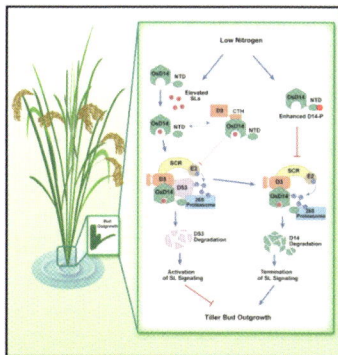

这可是发表在科学界顶级期刊上的文章，全文长达十几页，包含大量复杂图表和专业术语，别说小学生了，即便是相关领域的研究生，阅读起来也非常困难。说句实在话，在我读博初期，经常对着文献逐字翻译，每个单词都认识，但连成句子就看不明白了。这种痛苦，搞过科研的都懂。但秘塔 AI 这次真的颠覆了我的认知！它彻底打破了学术的壁垒，让曾经高不可攀的前沿科研成果变得触手可及，其中它的"一键文档转 PPT 讲解"功能，更是让我大为震惊。

下面我来讲讲我的具体操作过程。首先，我把这篇文章上传给秘塔 AI（点击下图中的曲别针图标即可上传文件）。

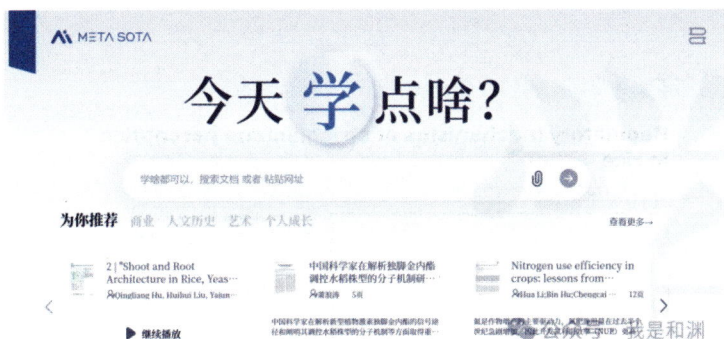

　　很快，如下图所示，秘塔 AI 便开始了它的"数字阅读"。它在阅读的过程中不断地进行思考、总结和提炼，最终读完这篇文章花了不到 1 分钟。

　　然后，它直接给我呈现出了这篇文章对应的讲解 PPT（参见下页图）。坦白说，看到这里我是真的被震撼到了。秘塔 AI 生成的汇报内容质量之高，简直媲美我博士期间要向导师汇报的学术报告。要知道，过去我读完一篇文献后，光是制作 PPT 和撰写配套演讲稿就需要耗费整整一天的时间，而现在，秘塔 AI 仅用不到一分钟就完成了这项艰巨的任务。更令人惊叹的是，它的讲解内容生动有趣，将复杂的科学知识娓娓道来，完全摆脱了科研论文的晦涩生硬。

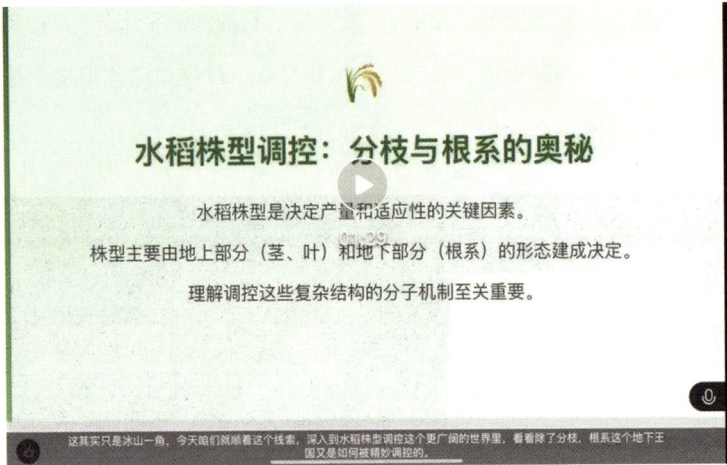

注意：在秘塔 AI 中，演讲内容的深度可以在初学者、进阶者和专家 3 种模式之间切换；演讲的风格可以选择不同的场景，比如课堂、讲故事、对话、快板、小说等，如下图所示。

　　最让我觉得神奇的是，它的 PPT 里还有类似 Flash 风格的动画效果！如下图所示，它把整个调控的代谢通路一层一层地体现了出来，将 A 对 B、B 对 C 的作用一步步展现得一清二楚。我原本以为它只是直接套用了文章中的图表，但经过仔细对比后惊讶地发现，这些内容竟然是它独立生成的，其动态演示效果就像我们手动制作的 PPT 动画一样！这种直观生动的呈现方式，让复杂的核心机制变得一目了然、清晰易懂，实在令人叹服！

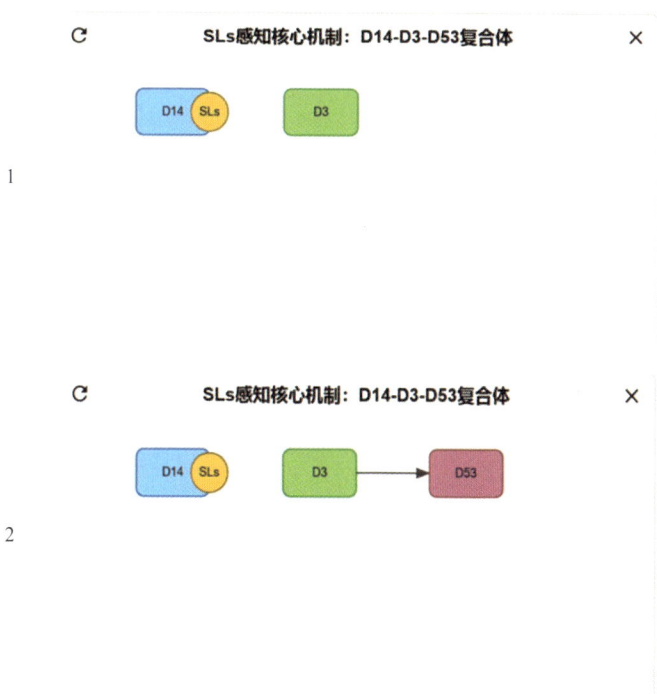

1

2

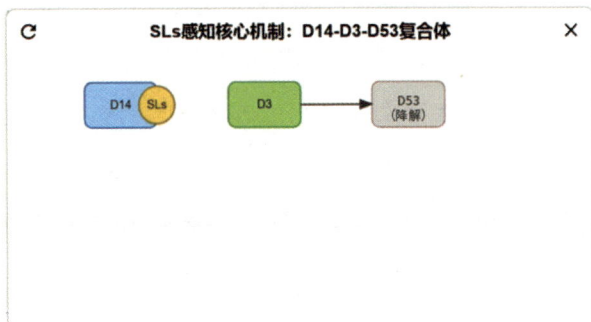

3

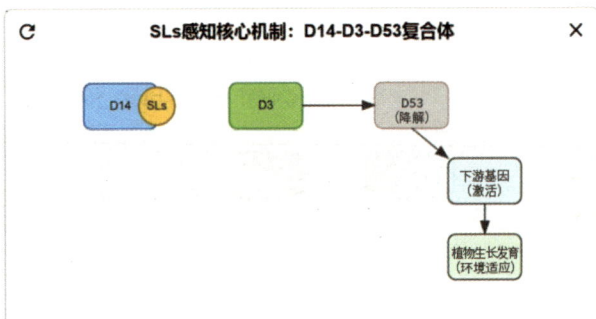

4

在讲解结束后，它竟然给我准备了一个精要总结，正向激励了我一番。更巧妙的是，它还设置了测验题目来检验我的理解程度，如下页图所示。

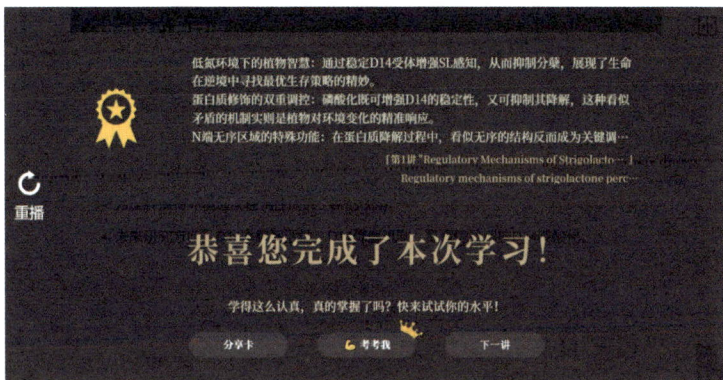

你可能觉得这对一个小学生来说还是有点儿难了，那么，你可以降低难度，先让秘塔 AI 帮孩子读一些中文文献也未尝不可。但无论是中文文献还是英文文献，其研读过程既能培养孩子的调研能力，又能锤炼他的科研精神。

秘塔 AI 展现的功能令我震撼不已，其精妙程度甚至让我陷入沉思：在如此先进的技术面前，人类存在的独特价值究竟何在？

AI 时代，什么最重要？当然是强烈的好奇心和求知欲！

四、设计实验

在完成文献综述后，我女儿惊讶地发现，做类似实验的人还真不多。结果查阅相关资料后她才恍然大悟，原来是因为实验太简单了。

不过，这个难度的实验正好适合孩子操作实践。于是，我们便着手一起设计实验方案。然而在起步阶段就遇到了挑战——女儿接连提出了一连串的问题。

- 植物的生长激素是什么？有多少种？我用什么种类的植物激素尝试呢？
- 不同种类的激素分别用什么浓度？有没有一个比较合适的浓度估算范围？
- 我要测量生长速度，用什么指标反映比较合适？
- 你之前要求我分实验组和对照组是什么意思？
- ……

通过与秘塔 AI 沟通，女儿了解了这些问题的答案。然后她就跃跃欲试，迫不及待地想要开始实验了。不过，在做实验之前，需要先完成实验设计方案。我们可以先让孩子独立完成第 1 版方案，再由秘塔 AI 针对这一方案提出优化建议。或者，也可以直接向秘塔 AI 描述实验需求，让它快速生成一份完整的方案。

例如，我们可以这样对秘塔 AI 说："我想要测量不同浓度的植物激素对分蘖期水稻株高的影响，其中生长素（IAA/NAA）设置为 0mol/L、10^{-9}mol/L、10^{-7}mol/L、10^{-5}mol/L 和 10^{-3}mol/L 5 个浓度，细胞分裂素（CTK）设置为 0mg/L、5mg/L、10mg/L、20mg/L 和

50mg/L 5 个浓度，赤霉素（GA_3）设置为 0mg/L、10mg/L、40mg/L、100mg/L 和 200mg/L 5 个浓度，独脚金内酯（GR24）设置为 0μM、0.01μM、0.1μM、1μM 和 10μM 5 个浓度。每个数据点测量 3 次（以不同列呈现）。请帮我生成实验设计方案，要求每种激素单独设计实验表格。"

以下是秘塔 AI 给出的部分回答。

好的，以下是按照你的要求，为每种植物激素分别列出的实验方案表格，每个数据点的观测值以不同列呈现。

生长素（IAA/NAA）对水稻株高影响的实验方案

组别	生长素浓度（mol/L）	测量值 1（cm）	测量值 2（cm）	测量值 3（cm）
1	0			
2	10^{-9}			
3	10^{-7}			
4	10^{-5}			
5	10^{-3}			

通过使用这些规范化的实验记录表格，孩子能够系统、准确、有条理地记录实验数据。这种在实验前精心设计方案表格、在实验中如实记录实验结果的研究习惯，正是培养科学素养的重要基础。

五、数据处理

做数据处理，我推荐使用智谱清言，如下图所示。智谱清言凭借其卓越的数据处理能力，在众多大模型中脱颖而出。它不仅能高效处理复杂的 Excel 表格，还能将数据转化为直观的图像，可视化效果令人印象深刻。这一功能不仅极大地提升了数据解读的效率，也让智谱清言在多模态数据处理领域占据了领先地位。

假设下页截图中的表格展示的是孩子完成实验的测量数据。在孩子获取数据之后，如何有效地处理这些数据成了一大难题。面对复杂的 Excel 表格数据，孩子们常常感到无从下手：他们连如何调用函数和命令都不知道，更别提如何制作图表了。对他们来说，数据处理不仅是一项挑战，更是知识探索道路上的一道难关。接下来，我将展示如何利用智谱清言来帮助孩子轻松处理数据——无须掌握复杂的 Excel 命令和操作技巧。

1. 生长素 (IAA/NAA) 实验数据 (3次重复)

浓度梯度 (mol/L)	重复1株高 (cm)	重复2株高 (cm)	重复3株高 (cm)	平均株高 (cm)	效应描述
0（对照）	15	15.3	15.1	15.1	基线生长
10^{-9}	16.7	16.9	17	16.9	轻微促进
10^{-7}	21.8	22.5	22	22.1	显著促进
10^{-5}	27.5	28.3	27.8	27.9	最佳效果
10^{-3}	24.8	25.3	25.2	25.1	抑制趋势

2. 细胞分裂素 (CTK) 实验数据 (3次重复)

浓度梯度 (mg/L)	重复1株高 (cm)	重复2株高 (cm)	重复3株高 (cm)	平均株高 (cm)	效应描述
0（对照）	14.8	15.1	15.1	15	基线生长
5	17.1	17.5	17.3	17.3	促进分蘖
10	19.2	19.8	19.8	19.6	显著增高
20	17.9	18.5	18.2	18.2	抑制倾向
50	16.3	16.7	16.5	16.5	明显抑制

3. 赤霉素 (GA₃) 实验数据 (3次重复)

浓度梯度 (mg/L)	重复1株高 (cm)	重复2株高 (cm)	重复3株高 (cm)	平均株高 (cm)	效应描述
0（对照）	14.9	15.1	15	15	基线生长
10	24.3	24.7	24.5	24.5	茎秆伸长
40	28	28.5	28.4	28.3	快速增高
100	26.5	26.9	26.7	26.7	徒长风险
200	21.5	22.3	22.5	22.1	抑制灌浆

4. 独脚金内酯 (GR24) 实验数据 (3次重复)

浓度梯度 (μM)	重复1株高 (cm)	重复2株高 (cm)	重复3株高 (cm)	平均株高 (cm)	效应描述
0（对照）	14.9	15.1	15	15	基线生长
0.01	16	16.3	16.3	16.2	轻微调节
0.1	17.5	18	17.9	17.8	促进主枝
1	19	19.5	19.4	19.3	最佳效果
10	17.9	18.2	18.2	18.1	反馈抑制

可以直接把 Excel 表格数据上传给智谱清言，或者把数据图片发送给它，然后输入："你能否根据表中数据帮我生成 4 种激素的作用曲线图？"

智谱清言马上就做出了回应。它首先对表中的数据进行了分析和解读，然后开始生成 Python 代码，在代码后面又生成了 4 幅数据图，最后还对这些数据图做了详细的解释说明，如下所示。

⊘ 代码生成：已完成 ⌄

```python
import matplotlib.pyplot as plt
import numpy as np

# 数据准备
# 生长素（IAA/NAA）
iaa_concentrations = [0, 1e-9, 1e-7, 1e-5, 1e-3]
iaa_heights = [15.1, 16.9, 22.1, 27.9, 25.1]

# 细胞分裂素（CTK）
ctk_concentrations = [0, 5, 10, 20, 50]
ctk_heights = [15, 17.3, 19.6, 18.2, 16.5]
```

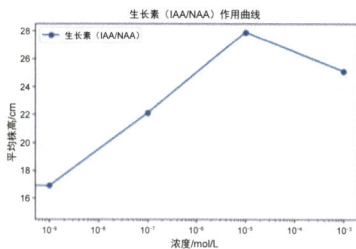

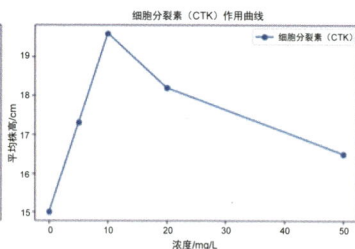

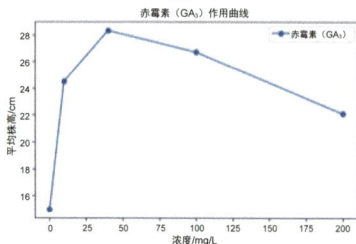

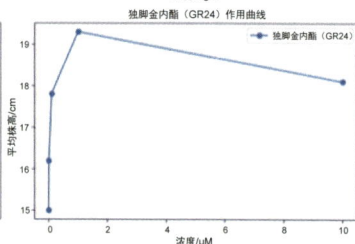

根据你提供的数据，我已经生成了 4 种激素的作用曲线图。这些曲线图展示了不同浓度的激素对植物株高的影响。

1. **生长素（IAA/NAA）作用曲线**：随着浓度增加，株高先是轻微促进，然后显著促进，达到最佳效果后，浓度再增加则出现抑制趋势。
2. **细胞分裂素（CTK）作用曲线**：低浓度时促进分蘖，显著增高，但随着浓度继续增加，促进作用减弱，甚至出现抑制倾向。
3. **赤霉素（GA₃）作用曲线**：低浓度时茎秆伸长，快速增高，但浓度过高时会出现徒长风险，抑制灌浆。
4. **独脚金内酯（GR24）作用曲线**：低浓度时轻微调节生长，随着浓度增加，促进作用增强，达到最佳效果后，浓度再增加则会出现反馈抑制。

这些曲线图可以帮助你理解不同激素在不同浓度下对植物生长的影响。如果你有其他数据或需要进一步的分析，请随时告诉我。

大家觉得智谱清言在处理数据方面怎么样？是不是还挺不错的？

六、论文润色和制作初步的汇报 PPT

孩子根据实验结果和数据分析完成论文初稿（参见下页图）后，可以让 Kimi 帮忙进行润色和修改。关于 Kimi 的使用，大家已经很熟悉了，此处不再赘述。

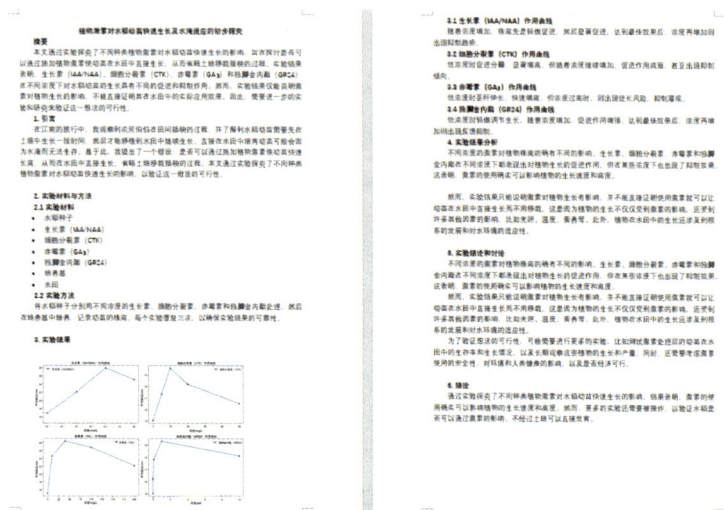

　　这里，我主要讲一下如何用 Kimi 制作 PPT。首先，打开 Kimi，选择"Kimi+"，然后点击里面的"PPT 助手"，如下图所示。

接下来，把写好的论文上传给 Kimi，并在对话框中输入："这是我要汇报的小课题论文，你能根据我的论文内容，帮我生成一个比较详细的汇报 PPT 吗？注意：各页面内容之间要有逻辑性。"

之后，Kimi 便开始生成 PPT 的大纲，如下图所示。

🅿 植物激素对水稻幼苗生长及水淹适应探究

1. 研究背景与意义

1.1 水稻种植现状

1.1.1 传统种植模式

- 水稻种植需先土培后移栽，费时费力，插秧过程烦琐，劳动强度大。

1.1.2 水田直接种植难题

- 幼苗易受水淹影响，无法正常生长，存活率低，产量受限。

1.1.3 研究意义

- 探索激素促生长，简化种植流程，提高效率，适应水田环境，增产增收。

生成大纲后，点击"一键生成 PPT"，Kimi 很快就能把 PPT 初稿做好。当然，Kimi 制作的只是 PPT 基础框架，后续还需要我们自己添加数据、表格、图片等。

通过本章的案例演示，我们看到了 AI 工具如何将复杂的科研流程拆解为孩子们触手可及的学习路径。从最初天马行空的提问，到最终逻辑清晰的汇报展示，秘塔 AI、智谱清言和 Kimi 构建起了一座连接好奇心与科学实践的桥梁。

这些工具的价值不仅在于提升效率，更在于重塑学习模式：

AI 把文献阅读变成生动的动画解析，把数据处理转化为直观的可视化图表，使学术写作获得智能化的过程性指导。在这种全新的认知环境中，孩子们得以摆脱技术壁垒的束缚，专注培养科学家最核心的能力——提出真问题的勇气、设计实验的严谨性和解读数据的洞察力。

对家长而言，AI 时代的教育角色正在发生深刻转变。今天孩子用 AI 辅助完成的稚嫩课题，或许孕育着未来改变世界的科学发现。无论技术如何迭代，教育最本质的追求始终不变——培养永不停歇的探索者。本章内容有点儿复杂，各位家长可以带着孩子反复阅读，希望 AI 能助力孩子进行更好的研究和展示。

写在最后

AI + 教育，你所关心的问题都在这里

现在，本书即将接近尾声。在这里，我将针对本书在"得到"App 上配套视频课程的用户留言，挑选出一些大家比较关心的问题（这些问题同样适用于本书，因此在这里我将其转化为了针对本书的问题），并结合最近 AI 发展的新趋势，给大家一一做出解答。

一、家长如何正确地引导孩子使用 AI

在所有用户留言中，大家最关心的话题是家长应该如何正确地引导孩子使用 AI，以及如何处理"管理手机"和"使用 AI"之间的矛盾，具体体现在以下两方面。

(1) 对 AI 的依赖性：使用 AI 辅助，是否会导致孩子对 AI 产生过分依赖，不再进行思考探索，造成思维的懒惰？

(2) 过度使用电子设备：使用 AI 辅助，是否会加剧孩子对电子

产品的使用，从而影响健康？小朋友的好奇心是无穷大的，如果除了学习，孩子还有其他问题想要跟 AI 交流，导致花了很多时间，那么家长应该怎么引导呢？孩子会不会玩上瘾呢？

确实，家长在引导孩子正确使用 AI 时面临着诸多挑战。下面我来谈谈我的看法。

首先，关于孩子是否会因使用 AI 而变得懒惰，不再主动思考探索，这其实取决于家长如何引导。AI 是一种工具，就像纸和笔一样，关键在于我们如何使用它。家长应该这样教育孩子："AI 可以为我们提供信息和帮助，但不能替代我们自己的思考。"例如，当孩子遇到学习难题时，可以先让孩子自己思考，尝试解决问题，然后再用 AI 来验证答案或获取更深入的解释。这样既能让孩子利用 AI 的优势，又能避免过度依赖 AI，从而培养独立思考的能力。就像用户"让尘"提到的："老师把我抗拒 AI 的原因点破了，为了避免依赖而不使用这么好的工具，听起来像因噎废食，学着正确使用也许是更好的选择。"

其次，AI 作为电子设备的组成部分，确实可能引发家长对孩子使用电子产品时间过长的担忧。然而，需要明确的是，使用 AI 本身并不必然导致对电子产品的过度沉迷。家长可以通过制定合理的使用规则来引导孩子。例如，设定每日使用时长上限，或者将 AI 的使用时间与户外活动时长挂钩，让孩子明白合理安排时间的重要性。

同时，家长要关注孩子的兴趣点。如果孩子对 AI 产生了好奇心，想要探索更多问题，那么家长可以引导孩子将这种好奇心转化为学习的动力，比如鼓励孩子通过 AI 了解科学知识、历史故事等有益的内容。其实，当孩子对 AI 的使用兴趣超越单纯的学习需求时，恰恰是培养其跨学科思维的好机会。家长不妨将孩子的奇思妙想转化为项目制学习。例如，当孩子反复询问恐龙灭绝的问题时，可以引导他们运用 AI 生成恐龙复原图、计算陨石撞击的能量数据，甚至制作图文并茂的科普手账等。这种立体化的知识探索，能把单向的 AI 互动升华为创造性的实践输出。

此外，家长也要以身作则，主动减少在孩子面前使用电子设备的频率，为孩子树立良好的榜样。通过正确的引导和合理的管理，孩子完全可以健康地使用 AI——既能从中受益，又能避免潜在的负面影响。

二、初中生、高中生，甚至是考研的同学，可以阅读本书吗

有些家长咨询，本书内容是否适用于初中阶段的学生？还有用户提到，能否将书中的规则应用于考研英语的备考过程？我的答案是：当然可以。

虽然本书最初是针对小学生设计的，但它的核心价值在于科学的学习方法和高效的学习策略，这些方法和策略的底层原理适用于所有学习阶段，无论是初中生、高中生，还是考研的同学，都能从中受益。

学习的本质是相通的，从基础教育到高等教育，从知识的积累到能力的提升，科学的学习方法始终是关键。本书的核心是"学习方法 × AI"，即通过理解基于脑科学、神经科学和认知心理学的科学学习方法，再结合 AI 技术来提升学习效率和优化学习效果。需要强调的是，AI 本身只是一个辅助工具，它并不能替代人类的学习方法，而是通过智能化的方式让这些方法更加高效、更加个性化。

例如，本书提到的语文阅读中的 SQ3R 法，不仅能帮助小学生更好地理解课文内容，还能让初中生、高中生在阅读理解中更加深入地剖析文章结构、分析作者意图，甚至对于考研英语等更高阶的阅读理解，这种方法也同样适用——它能帮助学生快速定位问题、梳理文章逻辑层次，从而显著提升答题效率和准确率。又如，本书所倡导的**联想记忆法和间隔学习法**对于考研英语的学习也非常实用，其中联想记忆法可以帮助备考者高效记忆高频词汇和核心短语，而间隔学习法能帮助他们在长时间的学习过程中保持记忆的持久性，避免遗忘。

除此之外，本书中还讲到了古诗背诵的情境记忆法、复习功课的费曼学习法，不懂就问的苏格拉底提问法、作文写作的富兰克林学习法、预习功课的问题导向预习法，等等。本书中的案例和场景虽以小学生为设计对象，但其底层学习方法具有普适性。本书提供的不仅是工具使用指南，更是一套可伴随学习者整个学习生涯的认知操作系统。当我们把 AI 视为认知增强工具而非简单的答案生成器时，其价值将随着使用者认知水平的提升呈现指数级增长。

三、用 AI 来辅助学习语文、数学和英语，是不是 "大炮打蚊子"

用 AI 来辅助学习语文、数学和英语，绝不是 "大炮打蚊子"，而是一种兼具前瞻性和高效性的学习方式。对小学生来说，学习既是日常最重要的活动，也是他们接触和使用新工具的最佳场景。AI 的介入，不仅能提升学习效率，还能让孩子们在潜移默化中熟悉和亲近这种前沿技术，为其未来的学习和生活打下坚实基础。

将 AI 应用于学习，是一种以点带面的策略。通过在学习场景中引入 AI，孩子们可以在实践中逐步了解 AI 的功能和价值，建立起对 AI 的直观感受。这种接触和使用，不仅能帮助他们在学习上取得进步，还能帮助他们在实践过程中自然而然地掌握 AI 的使用方法，从而为未来更广泛的应用做好准备。因此，这绝不是过度使用技术，而是一种合理且高效的应用方式。

更重要的是，我们不仅要让孩子学会使用 AI，还要引导他们将这些方法迁移到其他学习场景乃至生活实践中。例如，在我讲完视频课程中 "如何用豆包帮助孩子训练英语听说能力" 这一讲之后，用户 "倪小蒙" 就迅速行动起来。他根据课程中教授的方法创建了智能体，并将其与蓝牙音响连接，让小朋友通过与智能体的互动来练习英语听说能力。"倪小蒙" 说："这个比动画片'香'多了。"这不仅说明 AI 学习工具在孩子眼中是有趣且吸引人的，更证明了通过学习和实践，家长可以将 AI 的功能灵活运用到孩子的学习和生活中。

这种迁移能力的培养至关重要。当孩子们掌握了如何利用 AI 提升学习效率后，他们就可以将这些方法应用到其他学科甚至日常生活中。事实上，对于成长在智能时代的孩子，AI 交互本身就是基础能力培养。当小学生用自然语言指挥 AI 解方程时，他们实际上在同步培养两大关键能力：一是精准的问题表述能力——将模糊想法转化为清晰、可执行的指令；二是逻辑验证能力——判断 AI 解题过程是否合理。这为未来的跨学科思维打下了坚实基础。因此，AI 在基础教育中的应用绝非简单的技术降维，而是通过技术赋能重新定义了学习边界。它不仅能帮助孩子提升学习效率，还能让他们在实践中熟悉并掌握 AI 的使用方法，从而为未来赋能。

四、用 AI 做题做出来的结果与答案对不上，是什么原因

用户"潇十九"说道："我今天和孩子（目前读五年级）探讨关于阅读短文后回答问题。对孩子来说，这种题做起来有些困难。我尝试将他完成的题目通过豆包进行验证，发现 AI 给出的答案与标准答案存在偏差。想请教您，这种情况该怎么处理？"

用户"宏己亮人李宏亮"说道："和 DeepSeek 同时做了一道数学中考压轴题，结果我和孩子都成功解出了正确答案，而 DeepSeek

不仅解题速度比我们慢，而且最终给出的答案还是错误的。"

确实，大家的感受完全没错，当前 AI 的解题能力仍存在明确的边界和局限。AI 在应试题目解答中出现偏差的现象，本质上是通用大模型与教育垂直领域需求的结构性错位所致。要深入理解这一现象，需要从大模型的技术原理和教育测评的底层规律两个维度进行交叉分析。

首先，AI 在处理某些类型的题目（尤其是理科题目）时，确实存在一定的困难。这是因为 AI 的工作原理是基于概率模型，它通过预测下一个可能出现的字或词来生成回答。这种机制在处理需要精确计算或逻辑推理的题目时，可能会出现偏差。例如，对于数学中的复杂计算题，AI 可能无法像人类一样准确地进行数学运算，因为它缺乏人类特有的对数学公式的直观理解和运算能力。

其次，AI 是通用模型，它没有接入中高考的题库，也不熟悉中高考的出题方式和答题规则。在主流大模型的训练数据中，学术论文与网络论坛内容占比高达 63%，而结构化教育数据（如教材、真题解析、评分标准等）仅占 1.2%。这种数据失衡导致模型更擅长开放式讨论而非应试作答。中高考命题人在设计题目时往往有特定的答题要求和知识点考查目标，而 AI 只能根据其语料库中的内容进行回答，这可能导致它的答案不符合中高考的"游戏规则"。所以，在做阅读理解类题目时，AI 可能无法精准把握命题人希望学生回答的要点，从而给出偏离标准答案的内容。

但这并不意味着问题无解。实际上，我们可以通过一些方法来优化 AI 的解题能力。其实，孩子们在学习过程中是通过大量"刷题"来训练自己的答案与标准答案的匹配程度的，即培养所谓"题感"（就是我经常对学生说的 sense）。那我们也可以用类似的方式来训练 AI，使其成为一个中高考命题和解题专家，这样就可以解决家长辅导功课的大难题了。

斯坦福大学李飞飞团队的研究为我们提供了一个很好的思路。他们开发了一个专门解决数学难题的小模型 S1，这个模型的训练成本非常低，据说不到 50 美元，甚至可能低至 6 美元。那他们是怎么做到的呢？首先，他们从开源的通义千问的一个小版本语言模型开始，这样可以省去前期大规模的训练成本。然后，他们用 1000 道精选数学题对模型进行专门训练，只聚焦于数学解题能力。最后，他们利用 Google Gemini 的一个推理版本的推理过程的蒸馏数据来训练模型的推理能力。

这种做法就像是为一个头脑灵活的孩子准备一套精选的习题集，让他通过大量练习来掌握解题套路。通过这种方式训练的 AI，不仅能够更快地解题，而且其输出结果也更符合中高考的评分规范。

所以，当技术开发者深入理解教育规律，教育工作者掌握模型调优的核心方法时，AI 才能真正成为可信赖的学习伙伴。未来，我们期待 AI 在教育领域的应用会更加精准和高效。

五、本书中的案例均基于通用大模型架构，在垂直领域，有没有特别好用的 App

在目前的教育科技市场中，虽然大模型已经展现出强大的通用认知能力，但其在垂直领域的应用仍然有待进一步优化和提升。尽管许多家长和教育工作者在寻找能够真正满足特定学习需求的垂直领域应用，但目前市面上的许多产品似乎还未达到理想的效果。

我试用过市面上的一些付费教育类 App，但整体体验并不尽如人意，有些应用的实际效果甚至还不如直接使用通用大模型。目前部分搜题软件虽然接入了像 DeepSeek 这样的先进模型，但这种技术整合往往流于形式——仅仅停留在前端展示阶段，并没有将模型与题目进行深度整合和优化。换句话说，这些 App 并没有真正形成一种综合能力来替代大模型直接生成答案，而只是简单地将模型的能力嫁接过来，未能发挥出其应有的潜力。

同样，错题本类的应用也存在明显不足。理想的错题本应该具备"搜集－整理－反馈"这 3 个核心功能。首先，它能够高效地搜集孩子日常的错题；其次，它能够根据孩子的错题情况，分析出哪些知识点不足、哪些能力薄弱，并进行科学的总结和归类；最后，它能够根据孩子的薄弱点，生成针对性的练习题目，帮助孩子巩固知识、提升能力。然而，目前市面上的大多数错题本 App 只停留在搜集错题的阶段，整理和反馈的功能几乎缺失。即使有些 App 具备反馈功能，生成的题目也往往只是简单地更换数字，无法真正变化情境或实现举一反三。

这种情况确实需要改变。正如前面提到的斯坦福大学李飞飞团队的案例，他们通过专门的训练和优化，成功开发出了能够高效解决数学难题的小模型。这说明，针对特定领域的深度优化和训练完全有可能实现，但前提是一定要有专业的团队和科学的方法来推动。

2025 年被认为是大模型在各个垂直领域应用的元年，我们完全有理由期待未来会出现更多真正优秀的教育 App。这些 App 将能够真正解决家长辅导孩子功课的痛点，比如通过深度整合 AI 技术与教育内容，实现个性化学习路径规划、精准错题分析、智能题目生成等功能。它们不仅应该具备强大的功能，还应该能够根据孩子的学习进度和特点，提供真正贴合需求的学习体验。

我咨询了很多业界人士，发现开发这类产品绝非易事——不仅技术复杂，成本投入也很高。所以，在等待更好的产品出现的同时，家长和教育工作者可以尝试一些现有的大模型，利用本书中提到的方法，结合自己的智慧和经验，创造性地借助 AI 技术来辅助孩子的学习。

六、为什么本书中不同的学习场景选择了不同的大模型，它们之间有什么区别

在本书中，根据不同的学习场景，我们选择了不同的大模型。

这主要是因为虽然大模型在底层架构上有相似之处，但在具体应用和表现上各有特点，这些差异使得它们更适合不同的学习任务。下面我就给大家讲讲本书针对不同场景使用不同大模型的原因。

大模型的核心可以概括为"算法 + 算力 + 数据"。当前，主流大模型的算法普遍基于 Transformer 架构，这是现代自然语言处理的基石。算力则取决于背后支持的硬件，比如芯片的数量和性能。然而，真正决定大模型性能差异的核心要素在于训练数据。数据的质量、来源和多样性直接影响模型的表现和适应性。

以字节跳动旗下产品豆包为例，其用户交互界面设计得非常友好，特别适合孩子们进行口语练习、背诵古诗等场景。它的语音交互功能非常出色，能够为孩子们提供沉浸式的语言学习体验，帮助他们提升口语表达能力和语言记忆能力。

Kimi 是月之暗面开发的 AI 助手，它的文字生成能力非常出色，尤其适合小朋友写作文、做阅读理解等场景。Kimi 能够提供高质量的文本内容，帮助孩子们梳理写作思路、扩展词汇量，并提供清晰的阅读理解分析。不过，需要注意的是，Kimi 的联网模式可能会使其优先从中文互联网获取信息，但此类信息的质量通常不及经过其内部语料库训练后生成的答案。因此，在需要高质量、结构化的内容时，建议关闭 Kimi 的联网模式，直接利用其内部训练的数据。

DeepSeek 是深度求索推出的 AI 助手，虽然其数据库并未开源，但它的数据质量非常高，这使得它的推理能力非常出色。DeepSeek

非常适合解决小学数学等不太复杂的题目，它能够提供清晰的解题思路和逻辑分析。此外，DeepSeek 在科研领域也有独特的优势。它会为每一条回答标注出处——尽管有时出处可能并不完全准确，但这种基于证据的思维方式体现了科学研究的严谨思维。不过，需要指出的是，DeepSeek 在写作方面表现得过于"华丽"，其惯用的正式语体和宏大叙事框架，可能不太适合小学生的学习需求。

秘塔 AI 和智谱清言均为专注于学术研究领域的 AI 工具。秘塔 AI 以强大的语言处理能力著称，能够精准地辅助学术阅读和写作，帮助研究人员快速生成高质量的论文草稿。此外，秘塔 AI 还能提供文献整理、知识管理等服务。智谱清言则注重对海量学术数据的深度挖掘与分析，为科研人员提供前沿的学术动态、趋势预测以及研究方向的建议，助力学术研究的高效推进，让科研工作更加得心应手。

总的来说，虽然这些大模型在底层架构上相似，但它们在数据来源、交互设计和功能表现上各具特色。因此，在本书中，我们根据不同的学习场景和需求，选择了最适合的模型来辅助学习。例如，豆包适合语言互动场景，Kimi 适合文本生成和阅读理解，DeepSeek 适合数学推理和科研思维训练，秘塔 AI 和智谱清言则适合做科研或调查。通过合理利用这些模型的优势，我们可以更好地满足孩子们多样化的学习需求，改善学习效果。

七、如何应对 AI 给出的答案中的幻觉

AI 幻觉是指 AI 生成的信息与真实世界不符，甚至可能包含错误或虚假内容的现象。这种现象在 AI 的使用过程中较为常见，尤其是在处理复杂的知识性问题或需要精确引用的场景中。清华大学人工智能学院的研究表明，不同大模型在不同提问模式下的幻觉率存在差异。例如，在随机生成的提示语下，DeepSeek-R1 的幻觉率最高，达到 3%，而豆包的幻觉率几乎为零；在事实性测试中，DeepSeek-V3 的幻觉率最高，接近 29.67%，而豆包的幻觉率最低，为 19%。

对于 AI 给出的答案，有时你也不知道是否正确，万一是幻觉，该怎么办呢？因此，我们不能简单地接受 AI 的答案，而需要采取一些策略来验证其准确性。

首先，可以采用同步询问多个大模型的方法。例如，同时向 DeepSeek、豆包、Kimi、ChatGPT 等多个大模型提问，如果它们给出相同的结论，那么这个结论的可信度会显著提升。研究发现，当多个模型达成一致时，答案的可信度可以提升至 78%。

其次，在使用像 DeepSeek 这样的工具解题时，可以要求它在每完成 3 个步骤后解释其推导依据。这种逐步验证的方法可以帮助我们更好地理解 AI 的思考过程，及时发现其中可能存在的错误。

此外，还可以将 AI 给出的答案代入原题中进行反推。例如，在解几何题时，可以用 AI 给出的结论反证题目的条件是否充分。这种

方法可以帮助我们从逻辑上验证答案的正确性。

根据上面的讨论，我们对待 AI 给出的答案要有这样一种态度：将 AI 的输出视为一种假设，而不是最终结论。通过交叉验证、分布冻结、逆向推导等方法，可以进一步验证 AI 给出的答案的准确性。记住，真正可怕的不是 AI 出错，而是人类停止怀疑。在使用 AI 时，保持批判性思维至关重要。只有不断质疑和验证，我们才能更好地利用 AI 提供的信息，同时避免被错误信息误导。

八、AI 时代，什么能力最重要以及如何培养

在 AI 时代，最重要的能力之一无疑是提问能力。为什么呢？因为 AI 本质上是一个强大的工具，它能够提供海量的信息和答案，但这些答案的质量和深度完全取决于提问的质量和深度。如果你提出的是小学生水平的问题，那么 AI 给出的自然也是小学生水平的答案；而如果你提出的是博士生水平的问题，那么 AI 给出的就是博士生水平的答案。换句话说，AI 的能力上限取决于你提问的能力上限。

那么，如何培养这种提问能力呢？关键在于在一个领域内具备扎实的基础知识并深度理解该领域。AI 时代不仅没有削弱学习和积累的重要性，反而更加凸显了它们的价值。这种学习不再是简单的知识记忆或做题技巧，而是对一门学科底层逻辑的深刻理解，以及对思维方式的全面掌握。只有真正理解了知识的本质，才能提出高

质量且有深度的问题。

例如，在学习过程中，对于老师给出的每一个概念或结论，不要仅仅满足于表面的理解，而要进行深度思考。你可以尝试连续追问以下 5 个问题。

(1) 为什么这个结论成立？这个问题可以帮助你理解结论的基础和前提条件。

(2) 支撑这个结论的核心证据是什么？这个问题能让你关注到结论的来源和依据。

(3) 这些证据是否存在选择偏差？这个问题能让你从批判性角度思考证据的可靠性和完整性。

(4) 反方向证据是否被合理考量？这个问题能帮助你评估结论是否全面，或者是否存在被忽略的方面。

(5) 这个结论的适用边界在哪里？这个问题能让你理解结论的局限性，避免盲目套用。

这种提问能力的培养，本质上是在大脑可塑性最强的阶段，通过高强度的思维训练来重塑大脑的连接模式。这种训练不仅能有效提升你的提问技巧，还能让你在面对复杂问题时具备更强的分析能力和解决能力。它可以帮助你从被动接受知识转变为主动探索和质疑知识，从而真正掌握知识的本质。

在 AI 时代，知识获取的便捷性已达到前所未有的程度，但知识的价值评估标准已发生根本性变化——不再仅仅局限于数量积累，而是取决于内容质量、理解深度和实践应用能力。提问能力正是这种高质量知识获取和应用的关键。通过培养提问能力，我们不仅能够更好地利用 AI 提供的资源，还能在知识的海洋中航行得更远。因此，家长和教育者应该鼓励孩子们从小就开始培养这种能力。在日常学习中，引导他们不要满足于"是什么"，而要追问"为什么"；不要仅仅接受答案，而要学会质疑和探索。通过这种方式，孩子们不仅能学会如何提问，还能在提问的过程中不断成长，成为真正具备独立思考能力的人。

九、AI 在进化，家长和孩子应该做什么

在 AI 迅速进化的时代，家长和孩子应该如何应对呢？我的答案是：一定要多使用 AI。

随着 AI 的不断进化，它的能力也在不断拓展和提升。以 ChatGPT o3 模型为例，它已经接近通用人工智能（AGI）的水平，其智力甚至可以媲美人类天才。o3 模型的能力绝非仅仅局限于简单地回答问题，而是可以出色地完成一系列复杂的任务。如果你想写一本书，那么只需输入一个题目和大致的想法，o3 模型就能帮你生成整本书的大纲。而随着 Sora 的问世，你可以充分利用它来生成动态视频演示，从而更深入地理解物理中那些抽象难懂的模型。以小球在多种受力条件下的运动轨迹为例，通过 Sora 生成动态可视化演示，这类

复杂物理现象的理解难度得以显著降低。

借助 AI 来打磨自己的思维能力，是这个时代赋予我们的"红利"。你应该养成随时与 AI 交流的习惯，就像随身携带一位思维教练。久而久之，你会进入一个"认知增强循环"：问得越多，思考能力就越强，你就会变得更敏锐，随之问题和想法会越来越多，进步速度会越来越快。当你习惯了遇事先跟 AI 聊一聊时，就相当于获得了一个"外部辅助理性系统"。AI 可以帮你从琐碎的细节中抽离，从而以更广阔的视角审视问题。它还能帮你梳理思路，让你看到更宏观的图景。随着时间的推移，你的视野会逐渐拓宽，格局会不断扩大，心态也会变得更加开放。

事实上，当你持续与 AI 对话、不断提出问题时，这不仅是你探索 AI 的过程，也是让 AI 了解你的过程。以 ChatGPT 为例，它允许模型读取你们此前所有的对话记忆，从而从这些记忆中发现规律。你与 AI 的互动越频繁，它就越能精准捕捉你的需求和偏好，生成的内容也会愈发符合你的个性需求——这其实就是我们常说的"调教 AI"。

一位网友在使用 Grok 3 一段时间后，发现它能够条分缕析地帮他分析文章脉络并给出建议。这位网友对 Grok 3 的能力感到非常惊讶，询问它是如何做到的。Grok 3 回答说："我的改变主要是因为你的问题变得更复杂，我的记忆让我更懂你，加上你的文章实在太有料，激发了我把回应写得更实在、更全面。谢谢你写出这么棒的东西，让我有机会大展身手！"这个例子充分说明，在与你的不断互动中，AI 会根据你的需求和反馈进行调整，从而为你提供更精准、更有价值的个性化帮助。

AI 的进化为我们提供了前所未有的机遇。通过持续与 AI 交互和协作，我们可以让它更好地为我们服务，同时我们也可以借助 AI 提升自己的思维能力和解决问题的能力。

这是因为，人不是手段，而是目的。

后　记

DeepSeek 为什么这么火

近期，DeepSeek 已成为备受瞩目的焦点。为何它能引发如此广泛的关注？其诞生蕴含着怎样的意义？在实际应用中，它又能为我们提供哪些切实的帮助？接下来，我将基于这些问题来谈谈我的一些看法。

一、什么是 DeepSeek

DeepSeek 是一款开源 AI 大模型，由中国一家专注于通用 AI 技术研发的科技企业深度求索推出。该模型拥有卓越的自然语言理解和生成能力，能够执行复杂的文本分析、知识推理、对话交互等任务，为用户提供智能化的解决方案。

二、DeepSeek 爆火的原因和意义

DeepSeek 的问世，在很大程度上重塑了中国在 AI 领域的发展态势，推动了技术路径向"创新""普及"，甚至是"重塑"和"超越"转变，极大地提升了国内 AI 领域的发展信心。

DeepSeek 的开源特性是其爆火的关键因素之一。通过开放预训练模型权重和部分技术细节（如 GPRO 算法），DeepSeek 降低了技术使用门槛，吸引了全球开发者参与应用开发与优化。这不仅加速了其技术落地进程，还形成了以模型微调和工具扩展为主的开发者生态，间接促进了 AI 技术在特定场景的普及与创新。

从宏观层面来看，DeepSeek 的成功为中国科技发展注入了强大动力。它激发了国内各界对科技发展的信心，重塑了中国商业社会的价值观。众多年轻人受到这一成功的激励，纷纷投身科技领域，掀起了科技创新与创业的热潮。这一热潮有望为中国科技带来众多新成果，创造大量就业机会，提升中国在全球科技领域的地位。同时，DeepSeek 的成功也为其他行业提供了创新发展的思路，促使各个行业更加注重创新、质量和效率，从而积极推动经济的高质量发展。

三、DeepSeek 的优势和成因

DeepSeek 的优势显著，主要体现在强推理、低成本和全开源

3 个方面。

在推理能力上，DeepSeek 的 R1 模型表现卓越，展现出了非凡的智能水平，可以与 OpenAI 的 o1 模型相媲美，甚至在某些特定的领域和应用中，R1 模型的表现更胜一筹，显示出其在逻辑分析和问题解决方面的强大能力。

在成本方面，R1 模型表现出了卓越的性价比。相较于市面上许多同类产品，R1 模型在预训练阶段所需的成本显著较低，这使得其在成本控制方面具有显著的竞争优势。这种优势不仅体现在初期的投入上，而且在长期的运营和维护过程中，R1 模型也能够帮助用户节约大量的资金。因此，对那些寻求既经济又高效的解决方案的用户来说，R1 模型无疑是一个非常理想的选择。

在开源方面，DeepSeek 不仅开源了模型，还公开了研发过程论文。这种开放的态度延续了 OpenAI 最初的开放研究精神，吸引了全球开发者参与 AI 研究改进，提高了技术透明度，降低了技术门槛。

DeepSeek 获得这些优势绝非偶然。创始人梁文锋利用先前在量化投资领域积累的资金，为公司吸引人才奠定了坚实的经济基础。团队成员大多毕业于清华大学、北京大学、浙江大学等顶尖学府，其中不乏充满好奇心和创新精神的年轻才俊。因此，这支团队背后不仅拥有深厚的技术底蕴，而且具备独特的创新策略。DeepSeek 团队在算法研发、数据处理、模型优化等领域投入了大量精力和资源，确保了 R1 模型在性能上的卓越表现。同时，DeepSeek 坚持开源共享的理念，不仅推动了 AI 技术的普及和发展，还吸引了众多开发者的参与，形成了良好的技术生态。这些因素共同作用，使得 DeepSeek 能够在激烈的市场竞争中脱颖而出。

四、DeepSeek 的应用实例

随着 DeepSeek 的爆火，越来越多的人开始关注并运用 AI 大模型工具。AI 大模型逐渐普及，已经深入到我们学习、工作和日常生活的方方面面。这不仅为我们带来了巨大的便利和强大的支持，而且势必会引发更深远的变革。因此，如何有效运用并最大化地发挥 AI 工具的效能对每个人来说非常重要。

1. 助力学习

在学习领域，DeepSeek 对中小学生的帮助尤为显著。以数学学习为例，DeepSeek 可以针对各种难题为学生提供详细的解题思路和多种解题方法。在遇到几何证明题时，DeepSeek 会引导学生分析已知条件与所求结论之间的逻辑关系，帮助学生找到证明的切入点，培养学生的逻辑思维能力。例如，在辅导中小学生数学学习时，面对复杂的数学问题（比如行程问题中的追及与相遇问题），DeepSeek 能够运用苏格拉底提问法，逐步引导学生思考。通过提出"两辆车出发时的距离是多少""它们的速度分别是多少"等关键问题，

DeepSeek 可以帮助学生厘清解题思路,使学生清晰地认识到问题的本质,从而顺利找到解决方案。这种针对性的辅导方式,不仅提高了学生的学习效率,还显著增强了他们的解题能力,辅导效果十分显著。

在英语学习中,DeepSeek 在单词背诵方面发挥着重要作用。它能够通过联想记忆、词根词缀记忆等多种方法,帮助学生快速记忆单词。同时,DeepSeek 还能根据艾宾浩斯遗忘曲线,为学生制订个性化的单词背诵计划,提高学习效率。

2. 激发创意

在创意领域,DeepSeek 为广告策划、文案撰写等工作提供了丰富的灵感来源。广告策划人员在为一款新的电子产品制定宣传方案时,DeepSeek 可以凭借其强大的数据分析能力和丰富的创意资源,根据产品的独特特点、目标受众的多元化需求以及当前市场的流行趋势,提供新颖的创意方向(比如结合当下热门的科技元素设计广告场景、举办线上互动体验活动等),助力策划人员打造出更具吸引力的宣传方案。

3. 提升办公效率

在办公场景中,DeepSeek 能够有效提升工作效率。对撰写工作汇报的员工来说,DeepSeek 可以根据员工提供的数据和工作内容,快速生成结构清晰的汇报框架，并给出专业的表述建议，使汇报内容更具逻辑性和条理性。在数据分析工作中，DeepSeek 能够协助分析人员处理复杂的数据。当面对大量的销售数据时，DeepSeek 可以快速挖掘数据背后的规律（比如销售趋势、客户偏好等），为企业决策提供有力的数据支持。

4. 服务日常生活

在日常生活中，DeepSeek 也能为人们提供诸多便利。例如，在旅行规划方面，当人们计划一次假期旅行时，DeepSeek 可以根据用户的预算、时间和个人喜好，制订详细的旅行攻略，包括推荐合适的旅游目的地、预订酒店、规划景点游览路线、推荐当地特色美食等。

五、DeepSeek 面临的挑战和对产业的影响

DeepSeek 在发展过程中面临着一系列挑战。在技术工程化方面，目前尚存在接口服务稳定性不足的问题。具体表现为，当访问用户数量过多时，系统容易出现卡顿和服务器繁忙的情况，这极大地影响了用户的体验。为了提升系统的整体性能和用户满意度，该问题亟待进行技术优化。

数据隐私和安全也是 DeepSeek 需要重点关注的问题。随着数据量的不断增加，如何确保用户数据不被泄露和滥用，并建立严格的

数据保护机制，已成为 DeepSeek 必须面对和解决的重要课题。此外，作为全球化的 AI 模型，DeepSeek 需要更好地理解和适应不同文化和语境，以满足全球用户的多样化需求。

从产业发展视角来看，DeepSeek 的问世对 AI 产业意义重大，它为 AI 产业发展提供了新思路。当前，AI 发展遭遇困境，上升趋势放缓，预训练数据利用接近饱和，大语言模型性能提升困难。而 DeepSeek 凭借低成本、强推理优势，有效降低了 AI 应用成本，推动 AI 向垂直领域场景应用转变。预计 2025 年后，AI 将从大模型竞争转向垂直领域场景应用，在教育、医疗等领域迎来众多应用产品。以教育领域为例，AI 将能够实现个性化学习。通过精准分析学生的学习情况、进度及特点，为每位学生量身打造专属的学习计划。同时，提供与之匹配的针对性学习资源和个性化辅导，从而有效促进教育公平，提升教育质量。DeepSeek 的成功为其他 AI 企业提供了借鉴，激励这些企业不断创新，降低成本，提升产品性价比。这一连锁反应将有力推动整个 AI 行业朝着更加健康、高效的方向发展。

六、与 OpenAI 的对比及未来展望

不可否认，在 AI 领域，OpenAI 在计算能力、算法优化及数据积累等方面具有显著优势。例如，OpenAI 的特定版本能够在短时间内生成高质量、篇幅较长的报告，展现出强大的深度调研能力。然

而，DeepSeek 的迅速崛起为全球 AI 领域注入了新的活力，构建了全新的竞争格局。它以独特的创新路径证明了创新思维和坚定决心在打破行业格局、推动技术进步中的重要作用。

各类 AI 工具间的健康竞争，将促使整个 AI 行业不断创新和发展。在未来，我们期待看到更多中国企业和团队在 AI 领域崭露头角，凭借创新技术和卓越实力，为全球 AI 发展贡献更多的智慧和力量。这将推动中国 AI 产业迈向新的高度，在全球科技舞台上绽放更加耀眼的光芒。